中华文物览胜

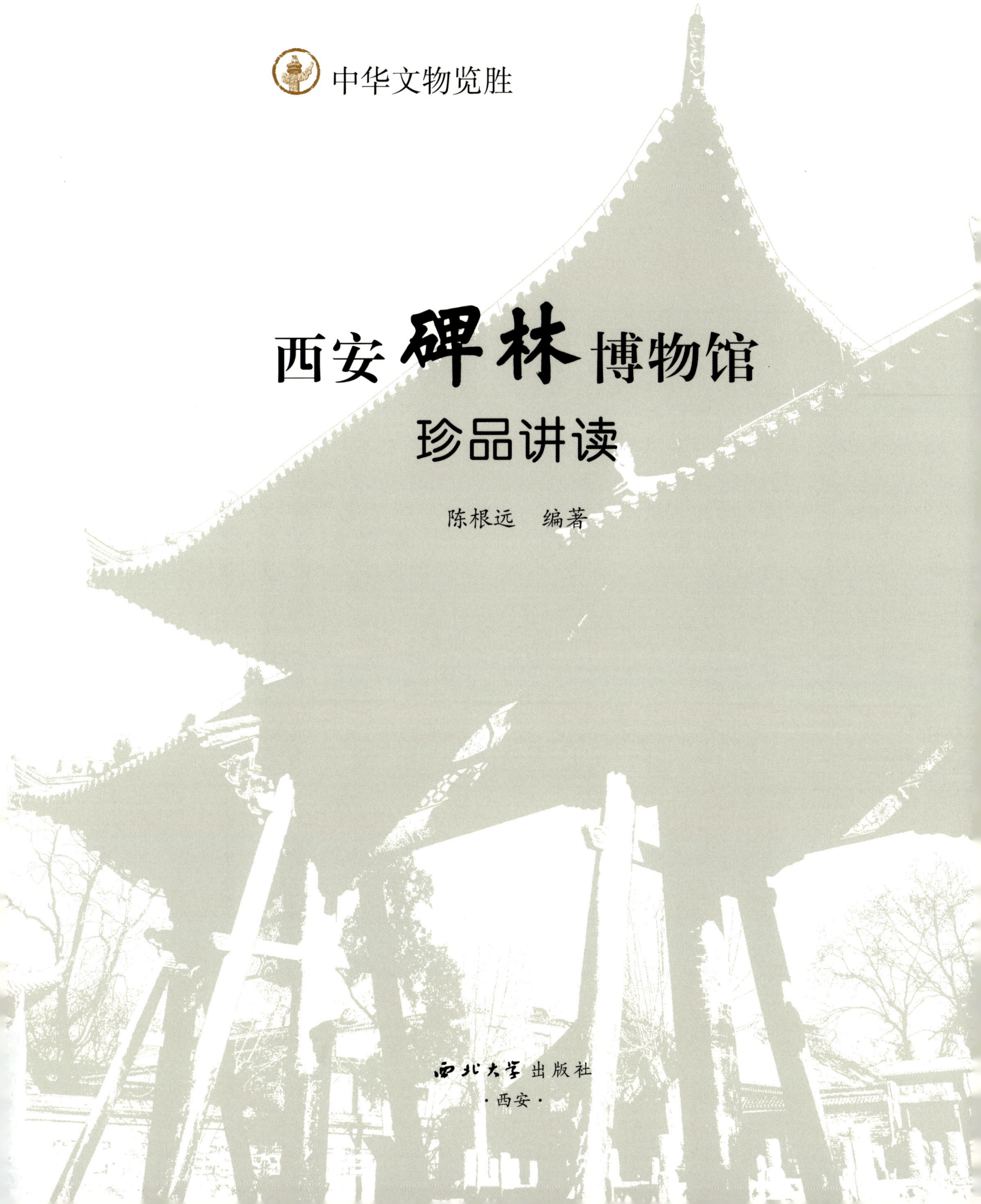

西安碑林博物馆

珍品讲读

陈根远　编著

西北大学出版社
·西安·

图书在版编目(CIP)数据

西安碑林博物馆珍品讲读 / 陈根远编著. —西安：西北大学出版社，2019.12（2024.4 重印）
ISBN 978-7-5604-4461-1

Ⅰ. ①西… Ⅱ. ①陈… Ⅲ. ①碑林—博物馆—介绍—西安 Ⅳ. ①K928.73

中国版本图书馆 CIP 数据核字（2019）第 288076 号

西安碑林博物馆珍品讲读
XI'AN BEILIN BOWUGUAN ZHENPIN JIANGDU

陈根远　编著

西北大学出版社出版发行
（西北大学校内　邮编：710069　电话：029－88302621　88303593）

全国新华书店经销　　陕西龙山海天艺术印务有限公司印刷
开本：889 毫米×1194 毫米　1/16　印张：8

2019 年 12 月第 1 版　2024 年 4 月第 2 次印刷
字数：108 千字

ISBN 978-7-5604-4461-1　　定价：88.00 元

《穿越碑林》视频

前　言

石刻渊薮　翰墨津梁

在华夏文明的摇篮、千年帝都西安，有一片神奇之地，这里丰碑如林，翰香远溢，佛道造像庄严清虚，墓虎村牛威猛驯良——它就是被称为翰海奇观、雕塑宝库的西安碑林博物馆（以下简称“西安碑林”）。

沧桑 900 年

唐天祐元年（904 年），长安上空阴云密布，朱温挟持唐昭宗把首都搬到了洛阳，接着对长安城进行了全面拆毁。当时留下来的节度使韩建开始缩建长安城，并准备将已经被弃于城外的原来唐朝国子监里的《开成石经》《石台孝经》《孔子庙堂碑》等重要碑石往城里搬。可惜不久后他被调到别的地方去了。

韩建的继任者叫刘鄩，他对把《开成石经》等碑石搬到城里并无兴趣。他有一个谋士叫尹玉羽，劝他说：“如果不把外面城墙根下国子监里的碑石搬到城里，有外敌时，它们就会成为敌人的攻城利器抛石机的炮弹。”刘鄩大惊，马上安排将《开成石经》等碑石搬到了原来唐代尚书省的西隅，即今西安鼓楼以北、西华门以西一带。后来再经搬迁，终于在北宋崇宁二年（1103 年）搬到了现在碑林的位置。当时碑林就已具备收藏文物、陈列文物等现代博物馆所具有的最重要的职能，所以可以说西安碑林是中国现存最早的博物馆。

碑林的名称最早见于明代。早年碑林因为墨拓不断，导致碑石乌黑，故又有“墨洞”“碑洞”之称。经过 900 多年的网罗搜求，而今碑林收藏有碑石、墓志、造像、石雕 4000 余件，其内容涉及政治、经济、文化、艺术等各个方面，涵盖了儒、释、道诸家思想，每年有数十万中外学人、游客来此观瞻。

西安碑林是儒家文化的图书馆

春秋时期，孔子周游列国，创立儒学。至西汉武帝“罢黜百家，独尊儒术”，儒家的“四书五经”成为知识分子治学进仕的基石。为了避免口传手抄之误，封建朝廷曾 7 次进行庄严的刻经活动。现陈列于西安碑林第一展室的《开成石经》是中国历史上年代较早、保存最完整、最大的一套儒家经书。北宋建立碑林的初衷正是保护这套石经。

唐大和四年（830 年），峨冠博带的国子监祭酒郑覃匍匐于地，向正襟危坐的唐文宗奏请镌刻《周易》《尚书》《诗经》《周礼》《仪礼》《礼记》《春秋左氏传》《春秋公羊传》《春秋穀梁传》《尔雅》《论语》《孝经》等 12 部儒家经书。开成二年（837 年），整套石经刻成，共 114 石，每石俱两面刻字，共 228 面，总字数达 65 万。至清补刻《孟子》17 石，合称“十三经”。《开成石经》对于传承中国古代文化和校刊历史典籍的意义是不容忽视的。

西安碑林第三展室南侧还陈列有一块并不引人注目的不规则的残石，它就是我国历史上第一次刻经的珍贵遗存——大名鼎鼎的《熹平石经》残石。该石是我国著名书法家于右任先生购于洛阳，在 20 世纪 30 年代捐赠给碑林的。《熹平石经》由东汉著名文学家、书法家蔡邕书写，包括《鲁诗》《周易》等 7 部儒经，当时立于国都洛阳太学中。因始刻于汉灵帝熹平四年（175 年），故名《熹平石经》。据《后汉书・蔡邕传》记载，石经刻成后，“后儒晚学，咸取正焉”。加之蔡邕精研书艺，其书“骨气洞达，爽爽如有神力”（梁武帝评语），“及碑始立，其观视及摹写者，车乘日千余辆，填塞街陌”（《后汉书・蔡邕传》），盛况空前。可惜后来历经变乱，渐至毁坏。现在人们竭力收集，也只见到 500 余块碎石。这块两面刻有 400 多字的《易经》残石是《熹平石经》残石中字数第三多的一块，弥足珍贵。

西安碑林是中外交流的档案库

西安碑林还存有很多中西文化交流的重要史料，从陈列于第二展室的《大秦景教流行中国碑》可窥见一斑。刻于唐德宗建中二年（781 年）的《大秦景教流行中国碑》是基督教东渐华夏的第一块碑石。碑文记载了唐贞观九年（635 年）东罗马帝国景教（基督教聂斯脱利派）经波斯传入中国，当时心胸宽广的唐太宗李世民对叙利亚传教士阿罗本的到来十分欢迎。“帝使宰臣房公玄龄总仗西郊，宾迎入内”（碑文），不久又特设大秦寺以助景教传播。碑文中还记载了罗马帝国的疆域四至，以及景教的教规、教仪、传播情况等。碑身四周还有以古叙利亚文刻写的僧侣题名。其史料价值受到中外学者的高度重视。其他如汉梵合文《陀罗尼真言经》经幢，以及《不空和尚碑》《米继芬墓志》《苏谅妻马氏墓志》等，对于研究唐朝与南亚、中亚的交流都极其重要。此外，涉及古代其他社会情况、政教关系的碑石更是不胜枚举。

西安碑林是立体的中国书法史

书法最能代表中国的文化精神。不了解书法，就很难全面了解中国人；而未到过西安碑林，就不能说目睹了中国书法的庐山真面。在蔚为大观的西安碑林，碑石从汉代一直到近代，前后跨越1800余年。中国书法史上所有阶段的代表作品几乎都能在这里找到。

秦王嬴政横扫六合后，命丞相李斯创立小篆，并在巡游所到之处用小篆刻石记功。经过两千多年的风雨剥蚀，当年的秦刻石几乎已只字不存。幸亏宋代重刻、世为冠盖的小篆祖书《峄山碑》，使我们领略到森然规范下李斯小篆细劲、端严、典丽的风姿。“小篆散而八分生”（西安碑林藏宋代梦英《篆书目录偏旁字源碑》碑文），明代出土的东汉《曹全碑》秀韵飞动，在汉隶百碑中独树一帜，以其清丽婉畅、圆润绰约不知使多少书家倾倒。于右任先生捐献给西安碑林的北朝墓志，其上魏书“气象浑穆、笔法跳跃、意态奇逸”（康有为语），是北朝墓志的精华所在。

初唐书风深受东晋王羲之的影响，但虞世南、欧阳询、褚遂良诸家又能各出己意，其书法或如“白鹤翔云，人仰丹顶”，或如“婵娟美女，不胜罗绮”。他们与后来的颜真卿、柳公权几乎决定了楷书艺术的主体构架。西安碑林陈列的他们的代表作品《孔子庙堂碑》《皇甫诞碑》《同州圣教序碑》《多宝塔碑》《颜勤礼碑》《玄秘塔碑》等，皆是书法史上光芒四射的杰作。

西安碑林第三展室中还陈列有唐代张旭、怀素写的狂草《千字文》。以“颠张狂素”为代表的狂草“如同李白诗的无所拘束而皆中绳墨一样”（李泽厚《美的历程》），奔蛇走虺，流走迅疾，连绵不断，把书家的悲欢之情痛快淋漓地挥洒在书法的每一个点画线条之中，把书法的音乐美发挥到了极致。

几千年高潮迭起的中国书法史，如果掩住西安碑林的名碑，将只剩下一堆残编断简。

西安碑林是汉唐雕塑艺术的殿堂

20 世纪 60 年代初，西安碑林建立了西安石刻艺术室，收集陈列咸阳沈家村东汉石刻双狮、陕北东汉画像石、唐代献陵石犀、昭陵四骏、老子像等中国汉唐时期最为著名的一批石刻雕塑。这是中国古代雕塑大型室内专题陈列第一家。

中国古代雕塑从题材上主要分为陵墓雕塑、宗教雕塑及劳动生活和民俗雕塑三类。

秦汉时期是中国古代雕塑艺术发展的繁盛期，其中汉代雕塑形象生动，造型古朴，神态夸张。当年鲁迅先生曾称赞“惟汉人石刻，气魄深沉雄大”。咸阳沈家村东汉石刻双狮塑造得肌肉强健，兽爪锋利，造型饱满，动势强烈。

隋唐时期是中国古代雕塑艺术发展的鼎盛期。尤其是唐代雕塑，雕刻技法更加娴熟流畅，不仅体现出唐帝国博大、雄强的时代精神，也显示出唐人丰富的想象力和高超的雕刻技艺。《昭陵六骏》是唐太宗昭陵前的浮雕，体现了中国古代雕塑的写实手法——没有失实的夸张，没有虚化诡异的造型，充分显示出对自然和人的力量的肯定。该浮雕是中国古代浮雕的压卷之作。原在唐代华清宫朝元阁的老子像，端坐在雕饰繁丽的须弥座上，看上去安详、虚淡，充满高明的智慧。

西安碑林从 900 多年前移至现址，经过历代碑林人的不断努力，如今精华鳞集，举世闻名。

不到西安碑林，就无法了解中国的碑刻书法之美。

不到西安碑林，就很难领略汉唐雕塑的烈烈雄风。

西安碑林博物馆原名陕西省博物馆，创建于 1944 年。它是在有着 900 多年历史的碑林的基础上，利用西安孔庙古建筑群扩建而成，现由孔庙、碑林和石刻艺术展室三部分组成。

1906 年西安孔庙大成殿

1951 年未整修的西安孔庙

1957 年陕西省博物馆正面全景

1961 年兴建中的西安石刻艺术室

刘晖（1851—1926）书“孔庙”二字

西安孔庙义路门（东门）

西安孔庙太和元气坊

西安孔庙泮池

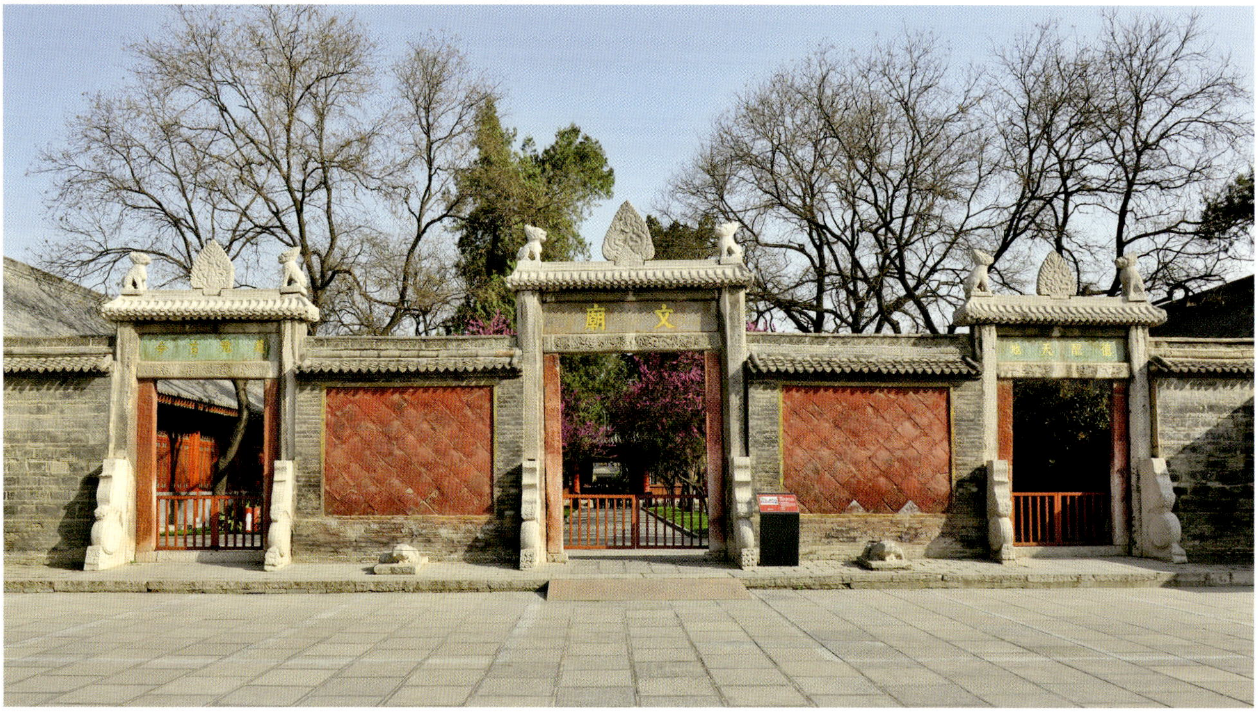

西安孔庙棂星门

西安孔庙戟门

《石台孝经》碑亭

西安孔庙碑亭

西安孔庙西庑

元代《皇元加圣号诏碑》

明代《重修西安府学文庙记碑》

西安碑林第二展室内景

孔子像

目　录

上篇　石墨镌华

下篇　古刻萃珍

画像石・陵墓石刻

宗教造像

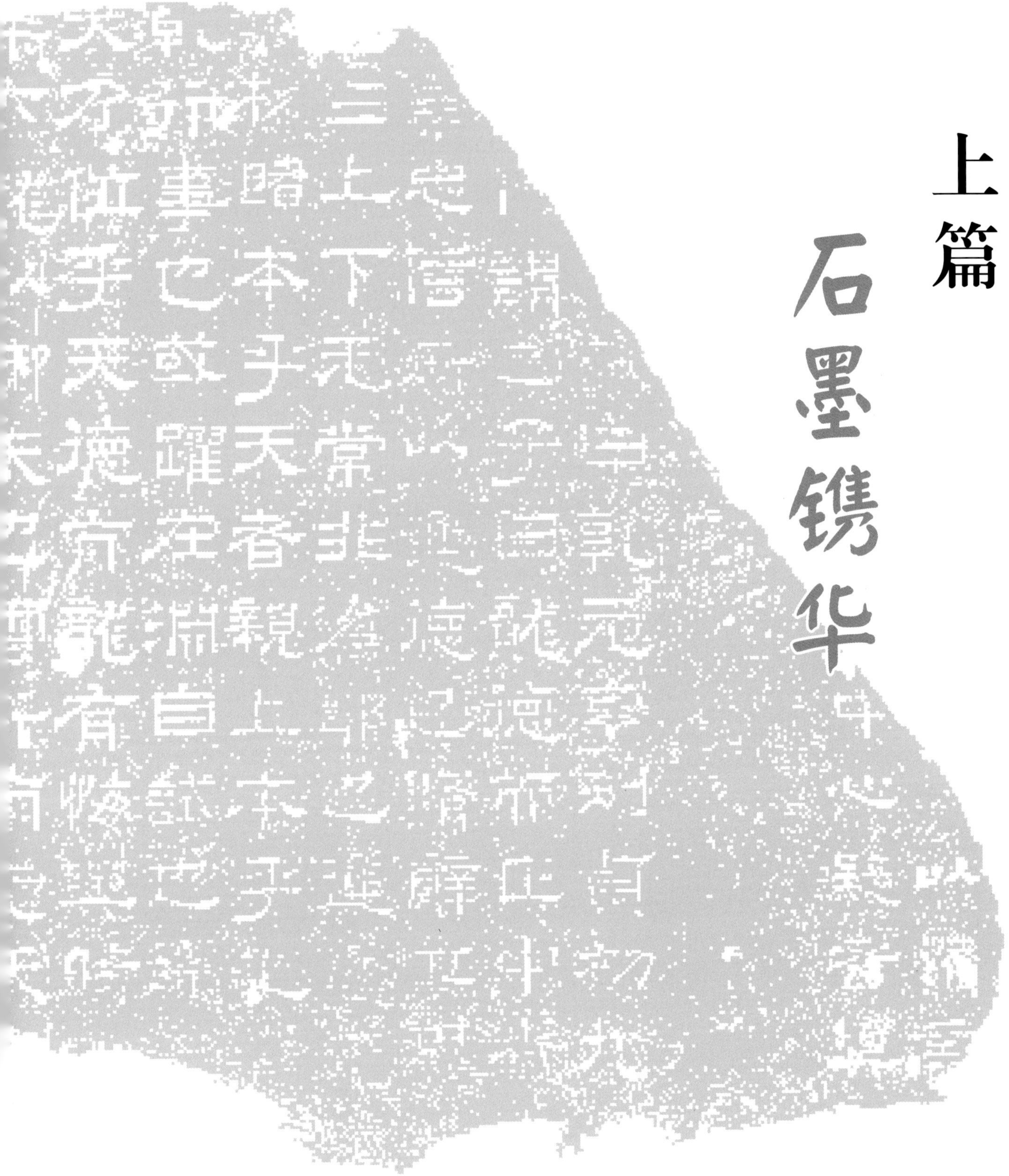

上篇

石墨镌华

《峄山碑》

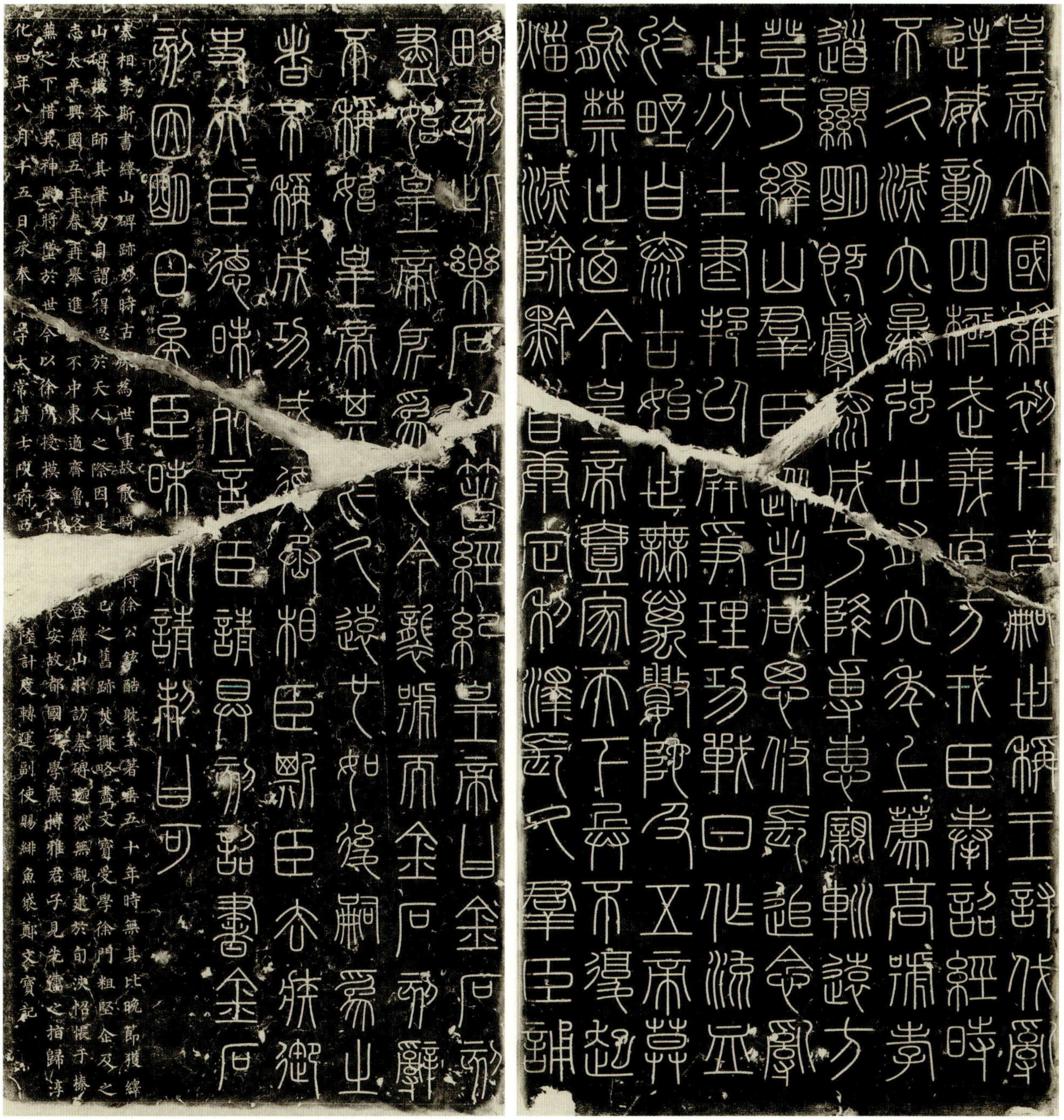

《峄山碑》讲读音频

［秦］李斯　峄山碑

《峄山碑》是公元前 219 年秦始皇东巡至山东邹县峄山时所立刻石，是秦刻石中最早的一块，其内容是歌颂秦始皇统一天下，废分封、立郡县的功绩。秦相李斯（约前 280—前 208）撰文并书写。后被焚毁。现存于西安碑林的《峄山碑》是北宋郑文宝根据五代宋初徐铉（917—992）的“摸本”重刻的，世称“长安本”。此碑圆首方座，碑身及碑首高 189 厘米，宽 83 厘米，两面刻字，正面 9 行，背面 6 行，满行 15 字。

唐张怀瓘在其《书断》中将李斯的小篆定为“神品”，赞曰“画如铁石，字若飞动”，称其用笔“骨气丰匀，方圆绝妙”。故书界有“学篆必先宗‘二李’（秦李斯、唐李阳冰）”之说。

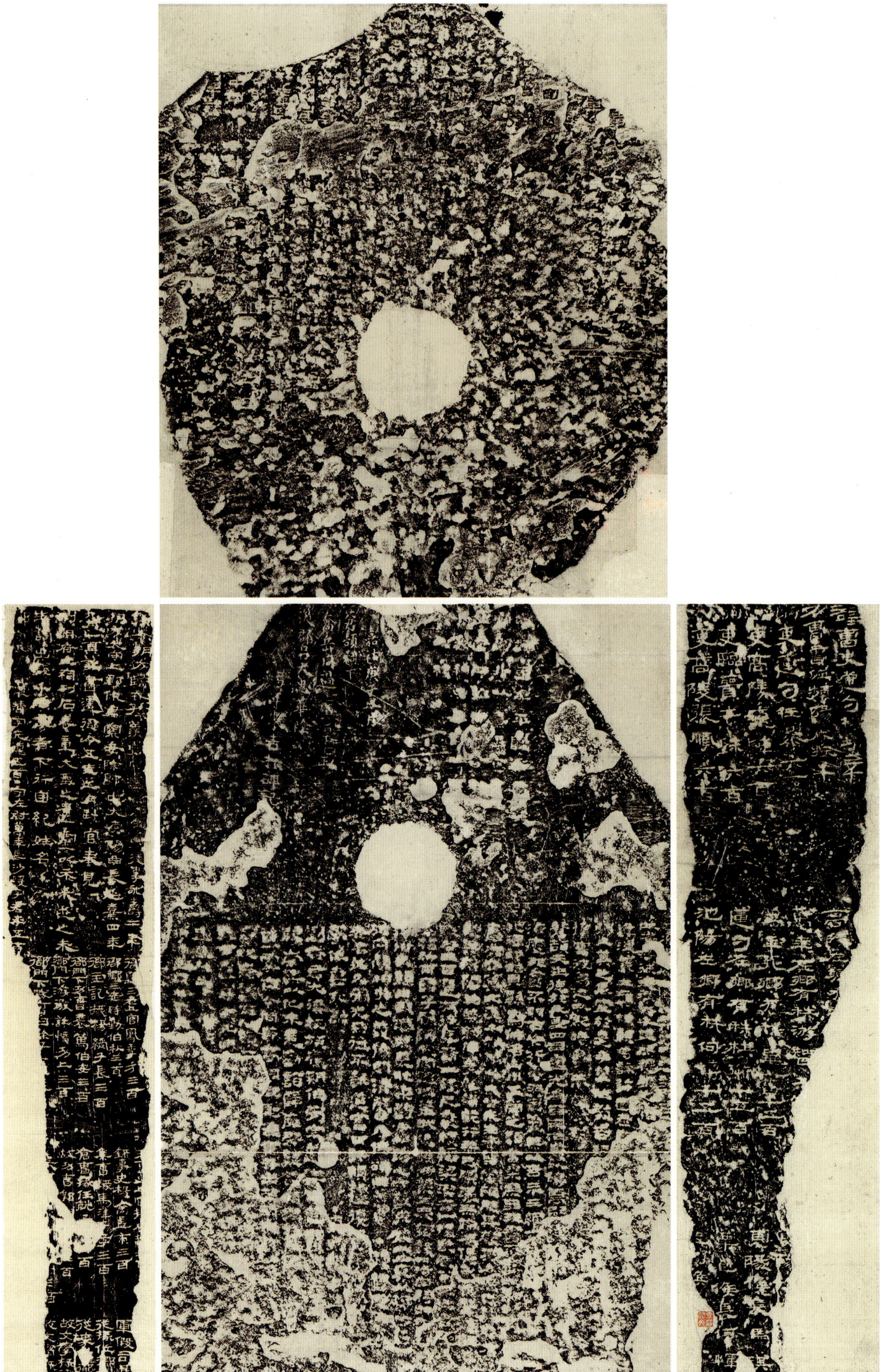

《仓颉庙碑》民国拓

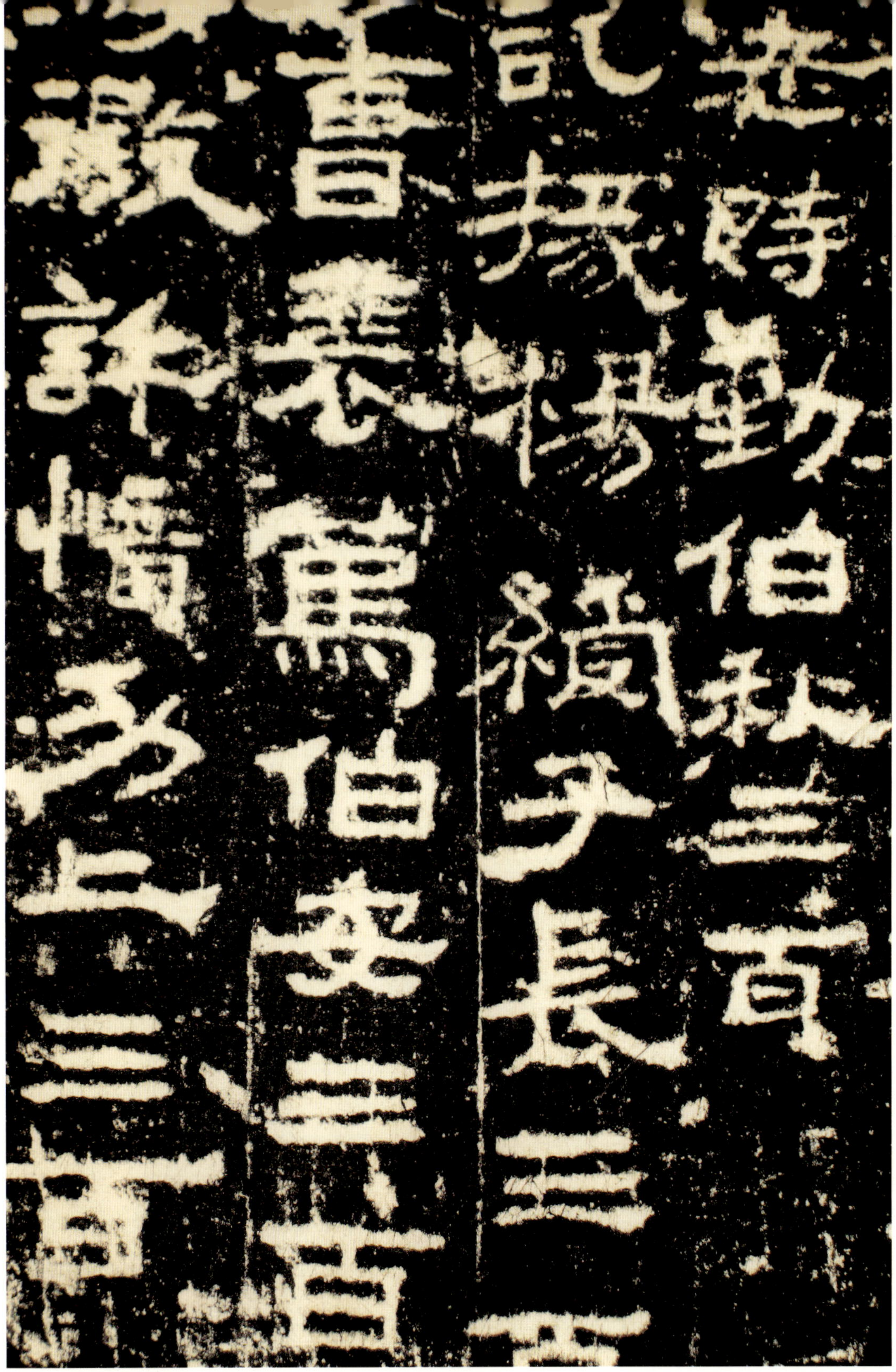

［东汉］仓颉庙碑

此碑是为了纪念黄帝的史官、汉字的创始人仓颉而立，刻立于东汉延熹五年（162 年）。原立于陕西省渭南市白水县史官村仓颉庙，1975 年入藏西安碑林。碑为上锐下方的尖首形，碑身有圆形穿，因碑首形似玉圭而得名“圭首碑”。碑高 147 厘米，四面刻字。虽因岁久时远，字多泐灭，但仍能让人感觉到汉隶的古朴雄浑。

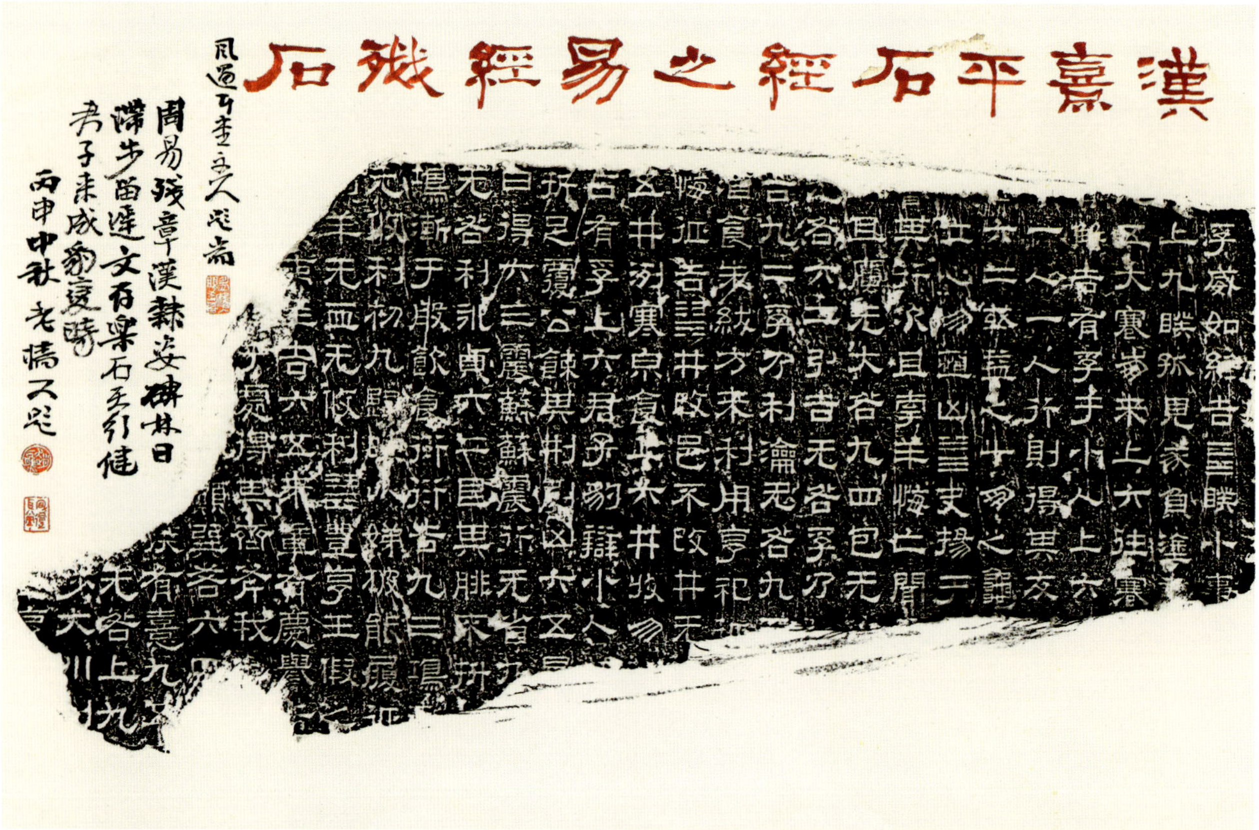

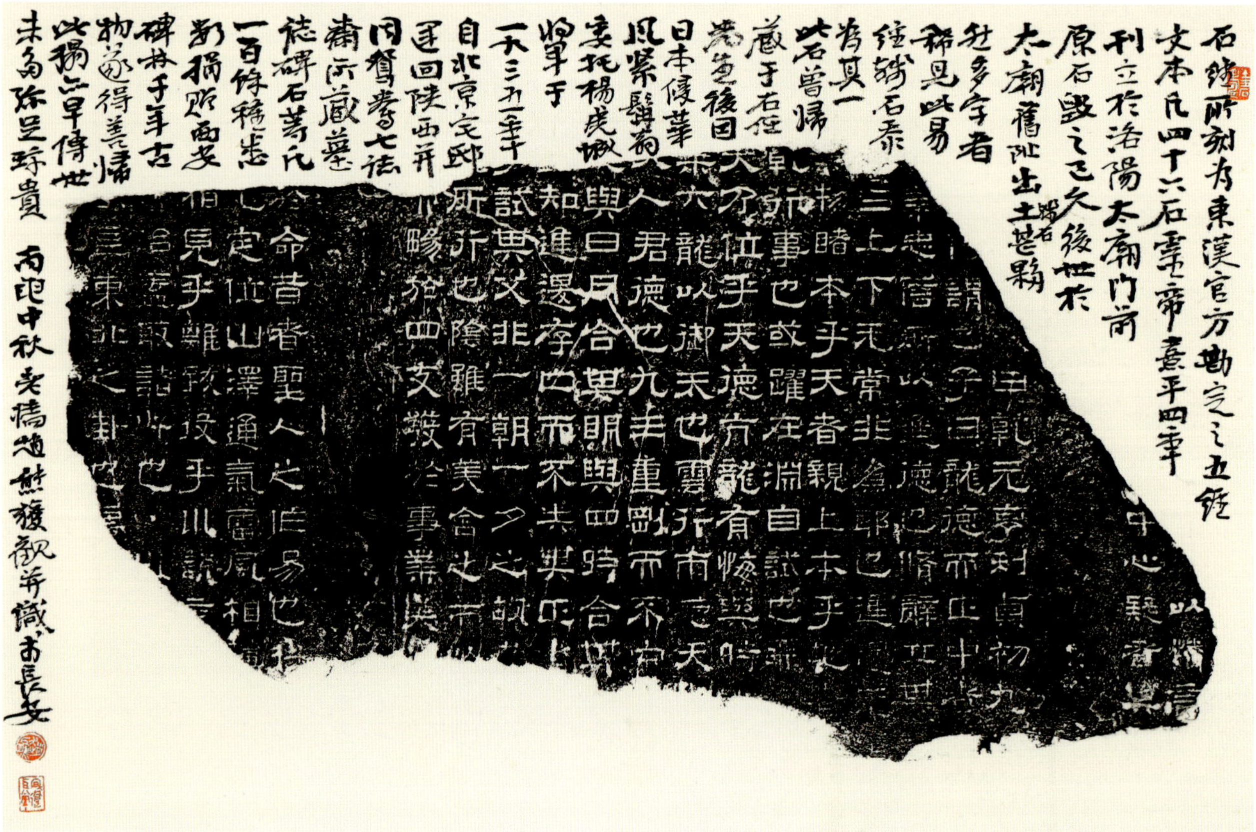

《熹平石经》残石民国拓

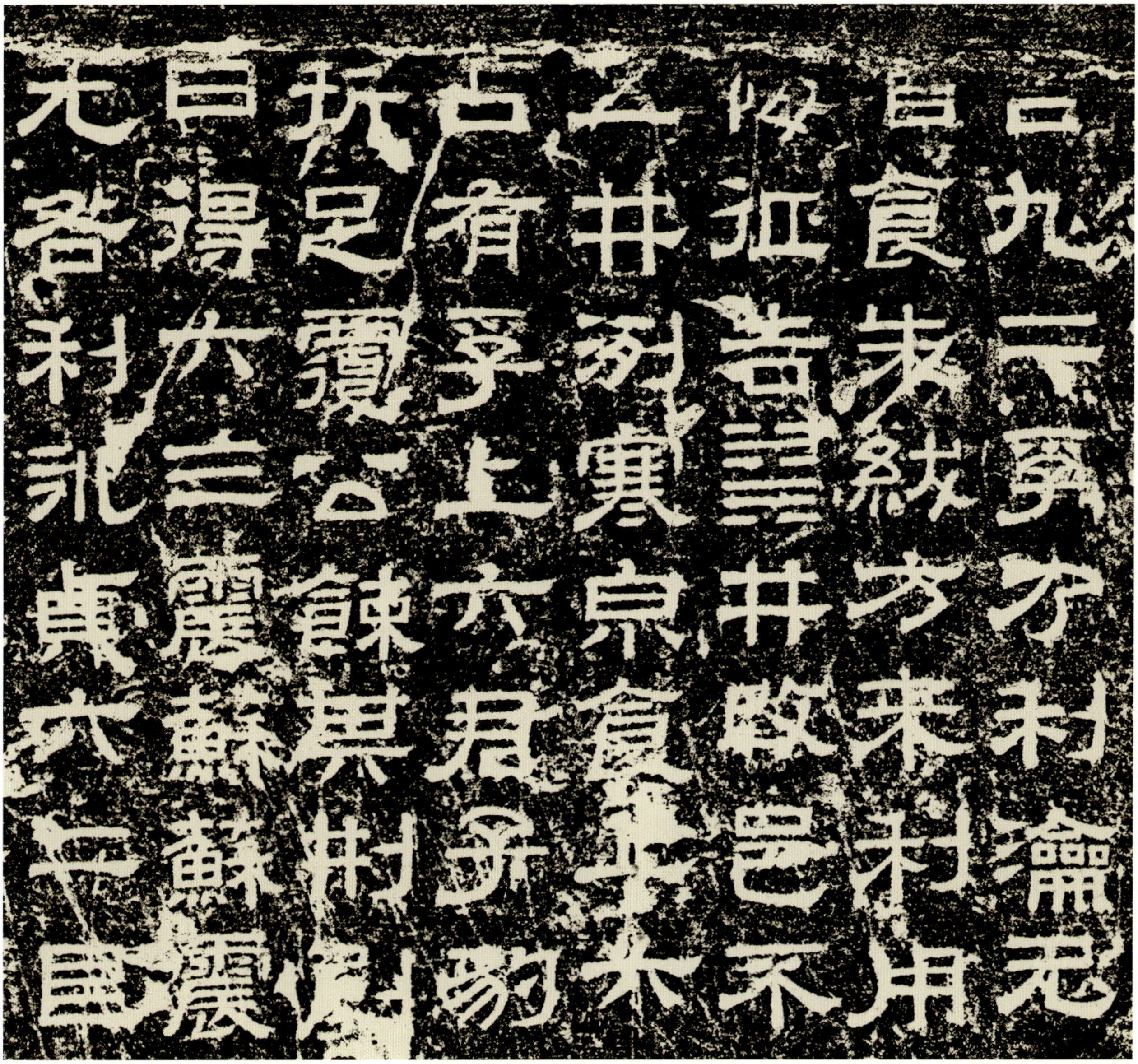

《熹平石经》讲读音频

[东汉] 熹平石经

为了保证儒家经书在传抄的过程中不出现讹误，封建朝廷曾先后 7 次刊刻儒家石经，其中最早的一次是由东汉蔡邕（133—192）主持刊刻《熹平石经》。当时刻了《鲁诗》《尚书》《周易》《春秋》《春秋公羊传》《仪礼》《论语》等 7 种经书，凡 46 石。字体方正，结构严谨。蔡邕参与了书丹。经董卓之乱和刘曜入洛，原碑在一次次迁徙和人为破坏后毁失，仅存残石碎片。西安碑林所藏为《熹平石经》第三大的一块，1929 年冬出土于河南洛阳汉魏太学旧址，1931 年于右任以 4000 大洋的天价购得，1938 年捐给西安碑林。残石高 32 厘米，宽 65.5 厘米。

近人范文澜（1893—1969）在其《中国通史简编》中说蔡邕写《熹平石经》是对“两汉书法的总结”。蔡邕隶书作为东汉官方书法的标准字体，范氏的评价并不为过。

［东汉］曹全碑

东汉灵帝中平二年（185 年）立。高 272 厘米。明隆庆年间（1567—1572）出土于陕西郃阳县（今陕西合阳县）莘里村。1956 年移存于西安碑林。曹全在东汉灵帝光和六年（183 年）举孝廉，任郎中，曾随军征疏勒，有战功，后转任郃阳令。其门生故吏感其功德，为其立此功德碑。碑文从曹氏起源开篇，记载了曹全的家族世系及其征讨疏勒、平定黄巾军起义、安抚百姓、扩建官舍等史实。此碑石质坚润，刻刊精良，为汉碑中保存得最为完好者。国宝级文物。

碑文隶书风格秀丽典雅，简静雅逸；章法整肃宁静，井然有序；用笔刚柔相济，藏多于露，圆多于方，含蓄中时见波磔露锋的飘逸笔韵，可谓汉隶中圆笔书写的典范之作。康有为认为此碑“以风神逸宕胜”，是汉隶中“秀韵”一路的代表。

敦煌枝葉布所在為雄君高祖父敏舉孝廉武
夏陽令蜀郡西部都尉祖父鳳孝廉張掖屬國都
不幸早世是以位不副德君童齔好學甄極毖緯
亡之敬禮無遺闕是以鄉人為之諺曰重親致歡
職上計掾史仍辟涼州常為治中別駕紀綱萬里
二年舉孝廉除郎中拜西域戊部司馬時疏勒國
城野戰謀若涌泉威牟諸賁和德面縛歸死還師
棄官續遇禁網潛隱家巷七年光和六年復舉孝
同時並動而縣民郭家等復造逆亂燔燒城寺萬
哉轉拜郃陽令收合餘燼芟夷殘迸絕其本根遂
錢糴米粟賜癃盲大女桃婓等合七首藥神明膏
置郵百姓繦負反者如雲戢治廧屋市肆列陳風
水災害退於戊亥之間興造城郭是後舊姓及脩

［东汉］仙人唐公房碑

陕西省汉中市城固县有个非常有名的升仙村，“一人得道，鸡犬升天”的故事就发生在那里。故事的主人公唐公房是汉中郡郡吏，他于西汉居摄二年（7 年）偶遇一位真人，拜其为师，后来得道，合家升天。《仙人唐公房碑》是为了纪念唐公房庙的重修及扩建而立，原立于城固县唐仙观，1970 年移陈西安碑林第三展室。碑高 202 厘米，宽 67 厘米。篆额“仙人唐公之碑”，额下有碑穿。圆形碑首上刻有三条弧形浅槽，即碑晕。此碑体现了汉碑形制的典型特征，为我们了解中国古代碑刻形态的演变和发展提供了实物资料。

碑文共 17 行，每行 31 字，共 507 字，乃典型的汉代隶书，秀雅可喜。

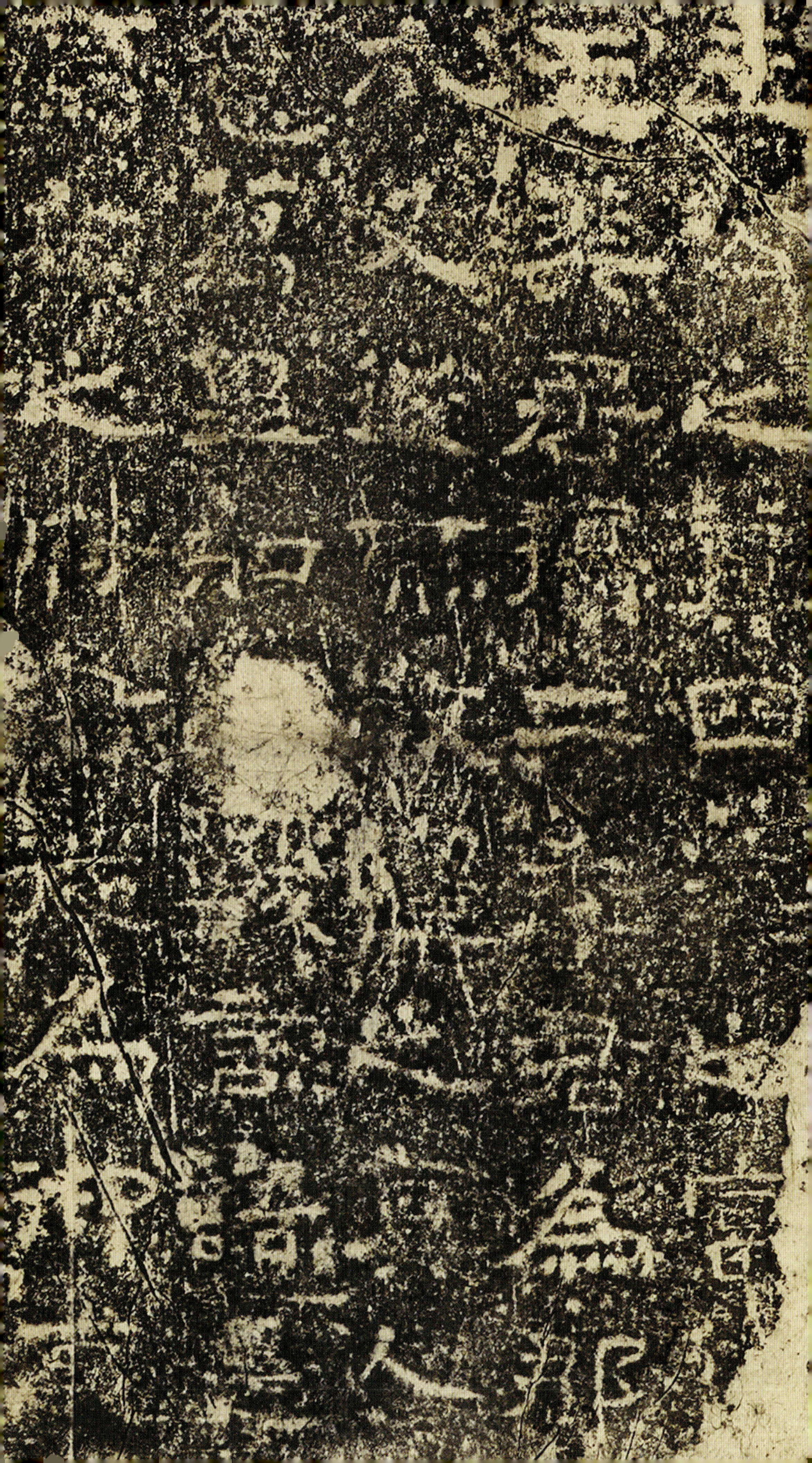

[前秦] 邓太尉祠碑

此碑全称《冯翊护军郑能进修邓太尉祠铭》，是前秦冯翊护军郑能进为纪念三国时期魏将邓艾而立。此碑刻于前秦建元三年（367 年），高 170 厘米，宽 64 厘米。碑文 19 行，满行 29 字。碑原在陕西省渭南市蒲城县西头乡坡底村，即当年邓艾祠所在地，1972 年移藏西安碑林。

保存至今的前秦石刻甚少，仅见此碑和《广武将军碑》两通。它们又是十六国时期正体隶书的代表作，故极为珍贵。清代陆增祥评此碑曰：“隶法略涉放纵，仍不失汉人矩矱。”

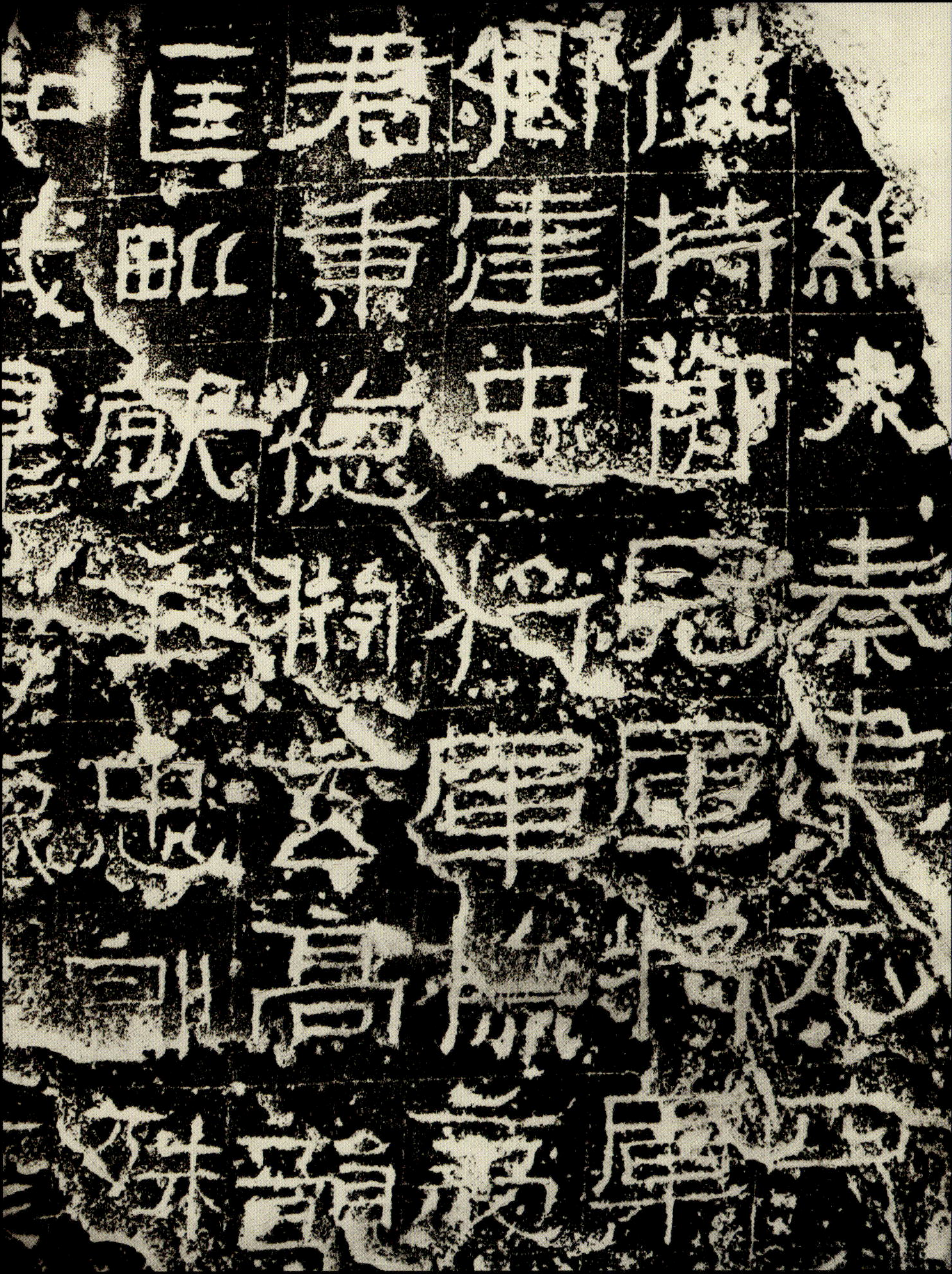

《广武将军碑》讲读音频

［前秦］广武将军碑

此碑原名《立界山石祠碑》，是一通界碑，刻于前秦建元四年（368 年）。通高 176 厘米，宽 72 厘米，四面刻字。清初一度佚失，1920 年在陕西省白水县被重新发现。据传，此碑一经发现，做碑帖生意的商人便如闻至宝，纷至沓来，争相拓印。尽管当时一张初拓本价值千金，但仍一份难求。1972 年移入西安碑林。碑上不但存有前秦渭北疆界的划分、职官的设置、部族的分布等信息，残存的 134 个题名中还包含了大量的官名（如广武将军、建武将军、广威将军、鹰扬将军等各级将军）、少数民族部落首领（如部大、酋大）和少数民族姓氏（如夫蒙、同蹄）等信息，为研究当时的地域疆界、官员配置、民族融合提供了珍贵的史料。

此碑书体在隶、楷之间，古朴中见稚气，庄严中显奇崛。康有为称此碑“古雅第一”，“碑阴字似流沙坠简，古逸至矣”。于右任将此碑与《姚伯多造像记》《慕容恩碑》誉为“关中三绝”。

［后秦］吕他墓表

后秦弘始四年（402 年）立。20 世纪 70 年代出土于陕西省咸阳市渭城区窑店镇东北，1998 年入藏西安碑林。墓表为沙石质，圆首方座，通高 65 厘米。表身与座之间以榫卯套合。表文 5 行，每行 7 字，凡 35 字。

吕他，略阳（今甘肃天水）人，是在姑臧（今甘肃武威）建立后凉的吕光的儿子。399 年，吕光病卒。诸子为争帝位，发生内讧。后秦兴兵 6 万讨之。后凉末帝吕隆大败，吕他等两万五千人投降。后秦对归附的后凉上层人士采取安抚政策，吕他继授幽州刺史。

清光绪年间（1875—1908），西安附近出土后秦《吕宪墓表》。两方墓表内容除姓名、官职不同外，其他如年月日、葬地乃至字数、大小完全相同。这说明汉高祖长陵附近是后来略阳吕氏的家族墓地。

《吕他墓表》的书法在楷、隶之间，宽绰挺劲，稚拙朴质，作为陕西地区出土年代较早、葬地明确的少数民族贵族墓志，是研究十六国时期的书法及早期墓志不可多得的实物资料。

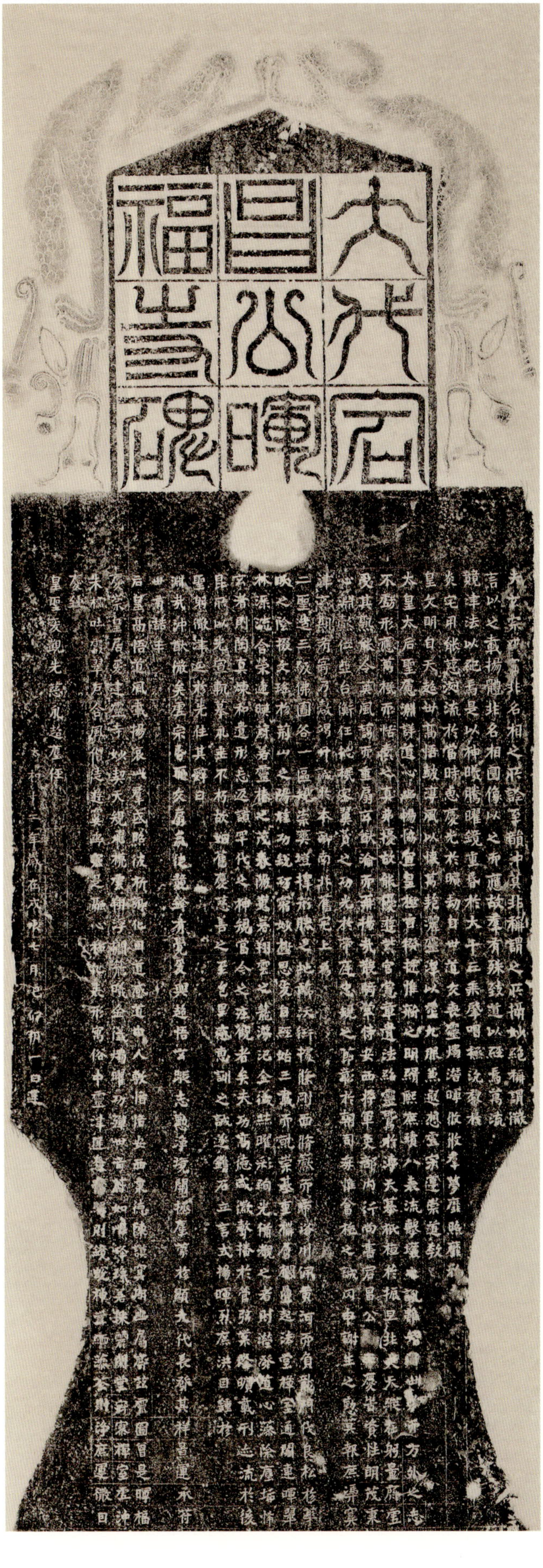

《晖福寺碑》讲读音频

[北魏] 晖福寺碑

北魏太和十二年（488 年）刻。碑身高 177 厘米，宽 94 厘米。圭首方座，额下有圆穿，下部为束腰形，几为魏碑孤例。碑文记述了羌族宦官宕昌公王庆时（王遇）为了报恩于“二圣”（即文明太后和孝文帝）而建造晖福寺一事。工程耗时 3 年，“罄竭丹诚，于本乡南北旧宅上，为二圣造三级佛图各一区”，两座三层宝塔终于 488 年告竣。碑石原在陕西省澄城县，当地人禁拓，故民国以前传本很少。1971 年移藏西安碑林。

此碑文字具有结体收敛、严谨方正的特点，属于北魏定都平城后期的书法风格。通篇用笔方圆兼备，以圆笔为主，笔画丰厚，线条凝练，呈现出自然、质朴之美。康有为称赞此碑书法“高简”，在《广艺舟双楫·碑品》中将其列为“妙品上”。

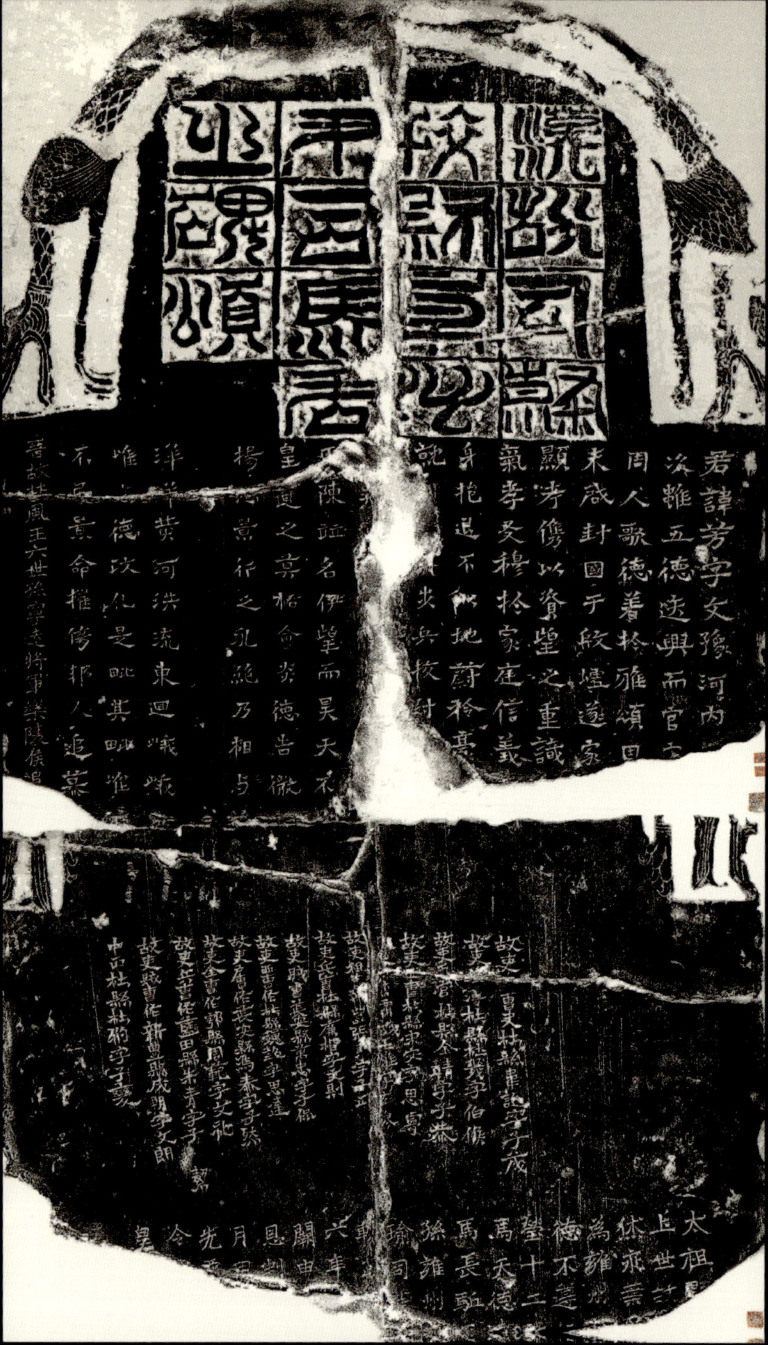

[北魏] 司马芳碑

此碑初刻于汉末，重刻于北魏太平真君六年（445 年）。之所以在北魏时期重刻此碑，不仅是司马氏家族出于现实政治的需要，也是北魏统一北中国后塑造胡汉共同体政权的影响所致。1952 年西安北广济街南口修下水道时出土，仅存上半段，且断为三块。残高 98 厘米，宽 97 厘米。碑为圆首，额上浮雕蟠螭纹。出土后即入藏陕西省博物馆。

此碑书法刚劲恣肆，书体在隶、楷之间，是一种由隶书向楷书转变的过渡字体。笔画锐头尖尾，结字欹侧灵动

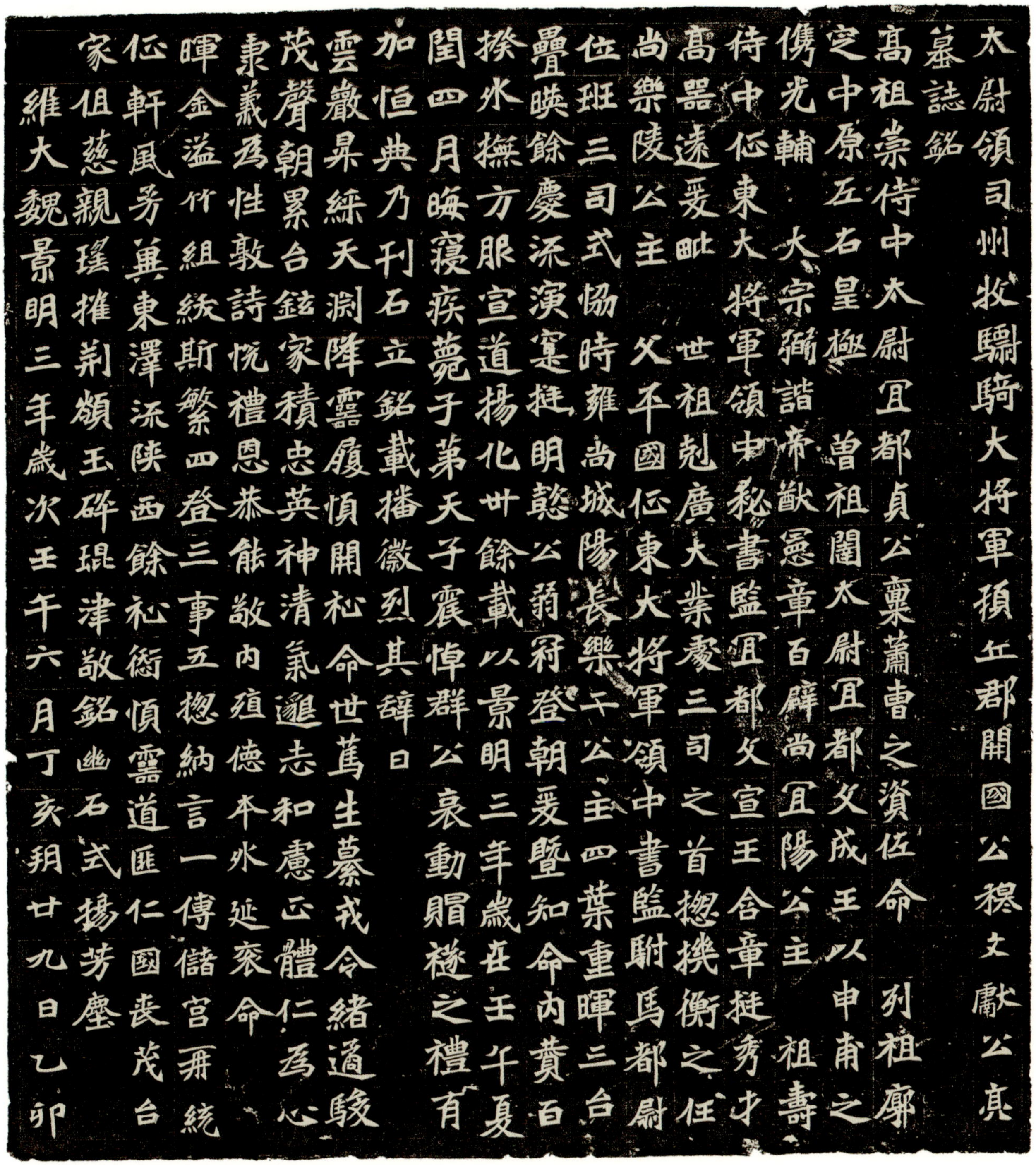
太尉領司州牧驃騎大將軍頓丘郡開國公穆文獻公亮
墓誌銘
高祖崇侍中太尉宜都貞公稟蕭曹之資佐命列祖廓
定中原左右皇極　曾祖闔太尉宜都文成王以申甫之
傳光輔大宗獮諧帝猷冕章百辟尚宜陽公主　祖壽
侍中征東大將軍領中秘書監宜都文宣王含章挺秀才
高器遠爰毗世祖剋廣大業爰三司之首摠揆衡之任
尚樂陵公主　父平國征東大將軍領中書監駙馬都尉
位班三司式協時雍尚城陽長樂二公主四葉重暉三台
疊映餘慶流演蹇挺明懿公弱冠登朝爰暨知命內贊百
揆外撫方服宣道揚化廿餘載以景明三年歲在壬午夏
閏四月晦寢疾薨于第天子震悼群公哀慟賵襚之禮有
加恒典乃刊石立銘載播徽烈其辭曰
雲徽景緌天潤降靈履慎開祕命世篤生纂戎令緒適駿
茂聲朝累台鉉家積忠英神清氣邈志和憲正體仁為心
秉義為性敦詩悅禮恩恭能敬內殖德本外延來命
暉金溢竹組紱斯繁四登三事五摠納言一傳儲宮再統
位軒風勇冀東澤流陝西餘祕銜傾靈道匪仁國喪茂台
位俎慈親瑤摧荊頹玉碎琨津敬銘幽石式揚芳塵
家
維大魏景明三年歲次壬午六月丁亥朔廿九日乙卯

[北魏] 穆亮墓志

北魏景明三年（502 年）刻。1925 年出土于河南洛阳东北郊西山，1938 年于右任将其捐赠给西安碑林。志石为竖长方形，高 66 厘米，宽 59 厘米。首行题“太尉领司州牧骠骑大将军顿丘郡开国公穆文献公亮墓志铭”。志文 20 行，满行 22 字。

志石用料考究，石质光洁细腻，字迹清晰如新。志文书法精到，刻工精良。书法笔画壮实，结体严谨，多用方笔，凝重沉着，结构劲紧，极具阳刚之美，是北魏厚重书风的典型代表。

［北魏］于仙姬墓志

北魏孝昌二年（526 年）刻。1926 年出土于河南洛阳孟津县南石山村旁，1938 年于右任将其捐赠给西安碑林。志盖阳刻“大魏文成皇帝夫人于墓志铭”，楷书。志石高 46 厘米，宽 38 厘米。志文首行题“魏帝先朝故于夫人墓志”，共 13 行，满行 15 字。志主于仙姬本是西域于阗国的公主，后嫁给北魏文成帝拓跋濬（452—465 年在位），孝昌二年以 90 岁高龄辞世。

《于仙姬墓志》堪称宫廷书刻的经典之作。用笔方拙，奇逸率真，方而不生硬，劲而不外露，挺而有韵致，是北魏墓志中质朴雄浑一路的代表作品。

［隋］孟显达碑

隋开皇二十年（600年）刻。碑高200厘米。额题“魏故假节龙骧将军中散大夫泾州刺史孟君之碑”。碑主孟显达，北周武成元年（559年）五月卒，年42岁，隋开皇二十年十月葬于雍州太兴县。此碑1910年出土于西安城南李王村唐韦顼墓内，用作韦顼石棺之顶石。1948年移至西安碑林。碑文书法秀劲端雅，近人方若《校碑随笔》以为此碑“开虞、褚先声，较《龙藏寺》尤谨严”。

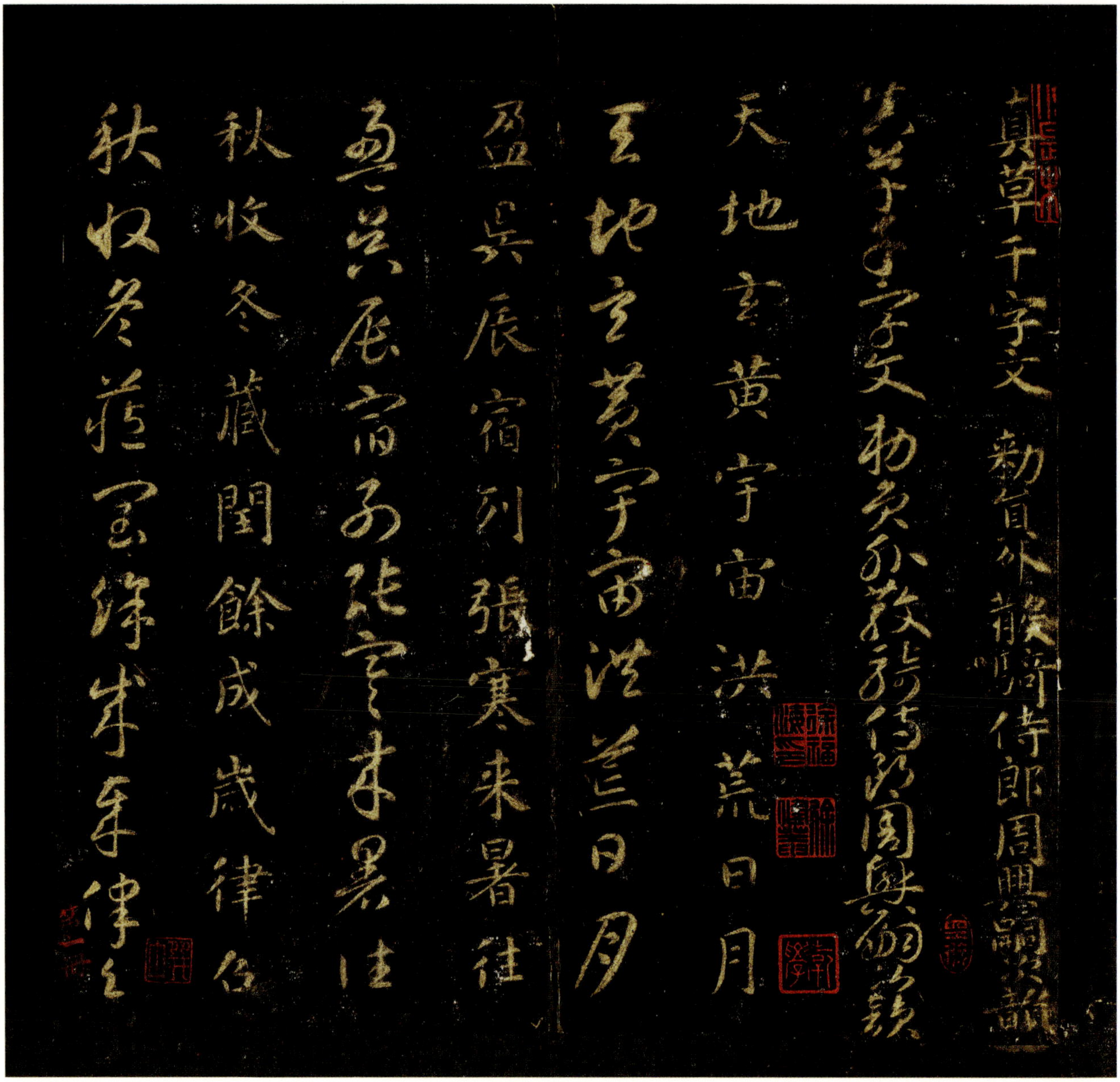

[隋] 智永真草千字文

智永和尚，王羲之七世孙，生卒年不详。入隋后，驻锡长安西明寺。居阁上临书 20 年，留下了"退笔冢""铁门槛"等传说。其书法精熟灵秀，对后世书法影响深远。曾写《真草千字文》800 份，广为分发，影响远及日本。即使现在，《真草千字文》依然是书法学习的经典教材。此关中本于宋代大观三年（1109 年）刻于西安碑林。碑石螭首方趺，通高 356 厘米，宽 102 厘米。

《孔子庙堂碑》讲读音频

［唐］虞世南　孔子庙堂碑

唐贞观四年（630 年）初刻。后毁。现存于西安碑林者系北宋建隆二年至乾德二年间（961—964）永兴军节度使、中书令、京兆尹王彦超重刻。碑身高 188 厘米，宽 115 厘米。碑文记载了唐高祖武德九年（626 年）十二月二十九日诏以隋朝故绍圣侯孔嗣哲之子德伦为褒圣侯及修缮孔庙之事。

虞世南（558—638），越州余姚（今浙江慈溪）人，出身于东南名门望族。武德四年（621 年），64 岁的虞世南入唐，受知于秦王李世民。是年五月，李世民聚歼窦建德于虎牢关，引虞世南为秦府参军。十月，虞世南授文学馆学士，与房玄龄对掌文翰，位列“秦府十八学士”，成为李世民最重要的智囊之一。其书名隆盛，胎息智永，尤工真、行。法度严谨而出之从容，圆融遒逸。《孔子庙堂碑》初立，即“车马添集碑下，毡拓无虚日”。

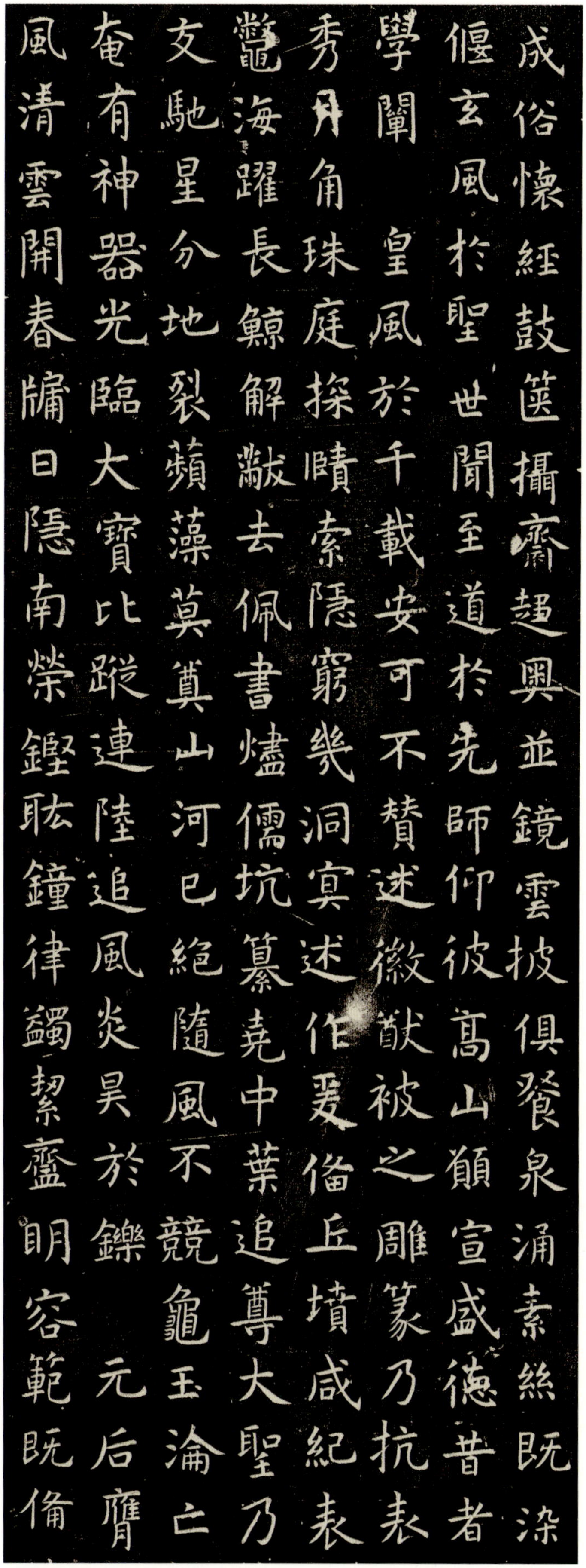

《皇甫诞碑》

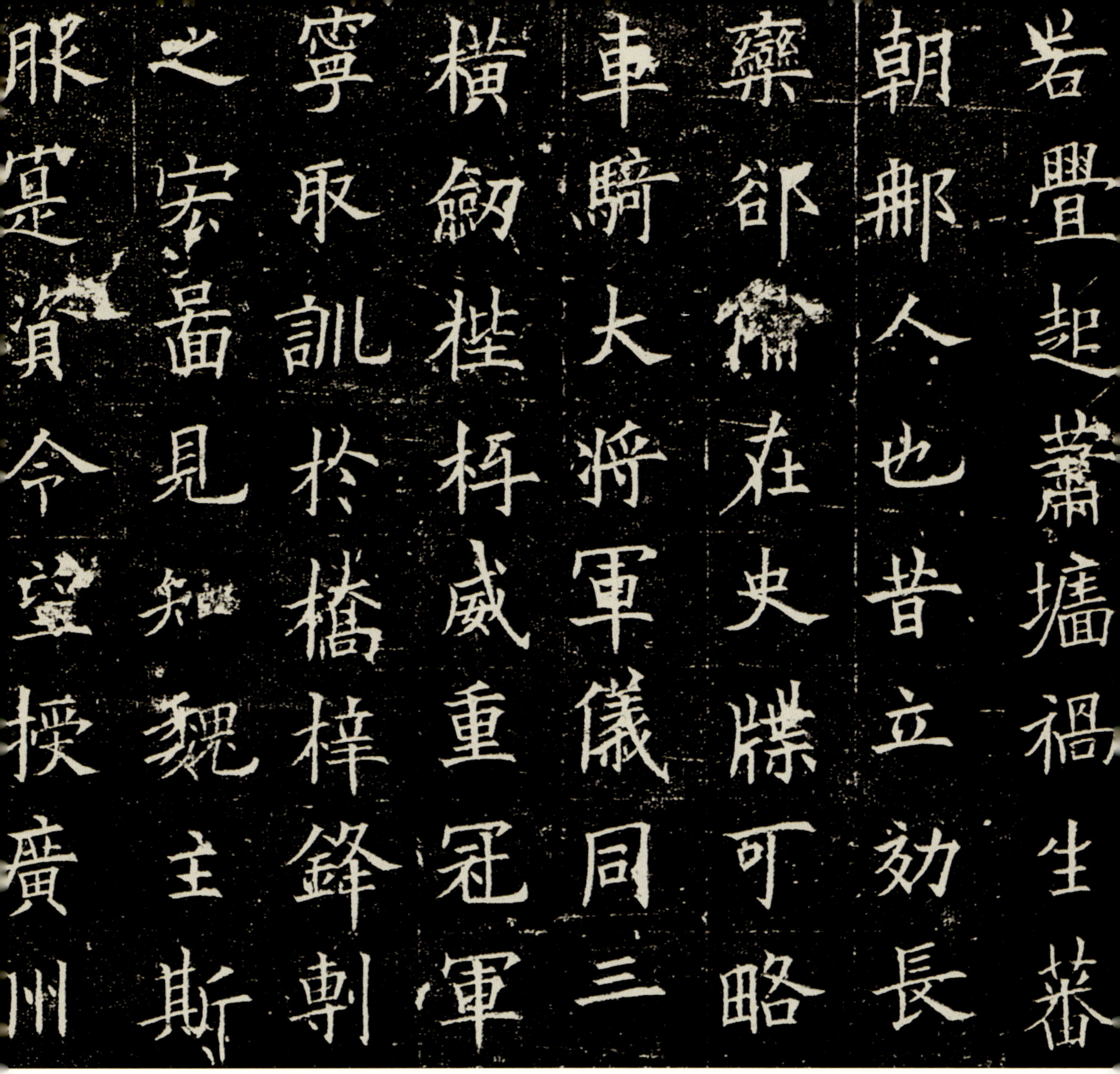

朕寔是資，令望授廣州

之寧宏晜，訓取見，知魏主鋒刺

寧横劍桂於橋梓鋒冠軍三

車騎大將軍儀同三

藥郚偹在史牒可略

朝郍今也昔立可劤長

若豐起蕭墻禍生蕃

［唐］欧阳询　皇甫诞碑

此碑由于志宁撰文，欧阳询书丹。碑身高 188 厘米，宽 95 厘米。隋文帝驾崩后，汉王杨谅在并州（今山西太原）举兵反叛。当时皇甫诞任并州总管府司马，劝阻杨谅不成，反被杀害。时为隋仁寿四年（604 年），诞 51 岁。其子皇甫无逸因为是隋朝旧功臣，受到唐高祖礼遇，被封为滑国公。他为彰显其父志节芳烈，唐贞观十年至十二年（636—638）追立此碑于皇甫诞墓前。此碑原立于陕西省西安市南郊长安鸣犊镇，明代初年移存西安碑林。国宝级文物。

此碑文字与《九成宫醴泉碑》等其他欧书碑版相较，用笔、结体更为瘦峭险峻。

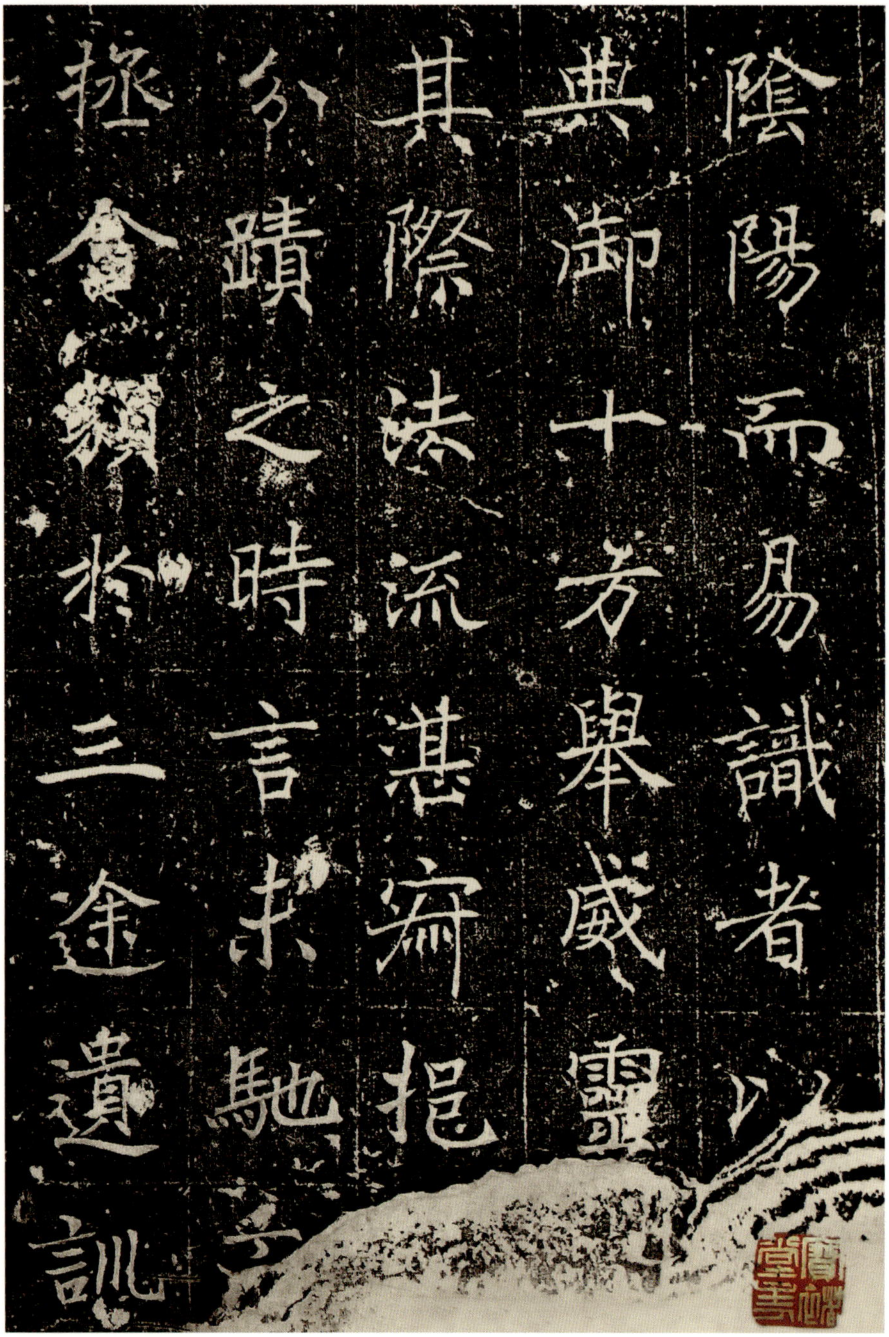

[唐] 褚遂良　同州圣教序碑

唐贞观十九年（645 年），游历西域诸国达 17 年之久的大唐高僧玄奘，携带 600 多部佛经回到长安，随即接受诏命，在弘福寺设立译场，开始翻译佛教经典。三年后向太宗皇帝李世民呈进了所译经论，并请其作序。唐太宗通览经书后亲自作序，题名《大唐三藏圣教序》。当朝太子李治（即后来的唐高宗）也作文记述了太宗撰序的缘由，题名《大唐皇帝述三藏圣教序记》。

此碑立于唐龙朔三年（663 年），螭首方趺，座四周浮雕有力士像。碑高 350 厘米，宽 113 厘米。原存于陕西大荔县龙兴寺，1972 年入藏西安碑林。褚遂良书法汲取欧、虞二家之所长，又有自己刚柔相济的书风。清人李宗翰评论褚书“遒丽处似虞，端劲处似欧”。

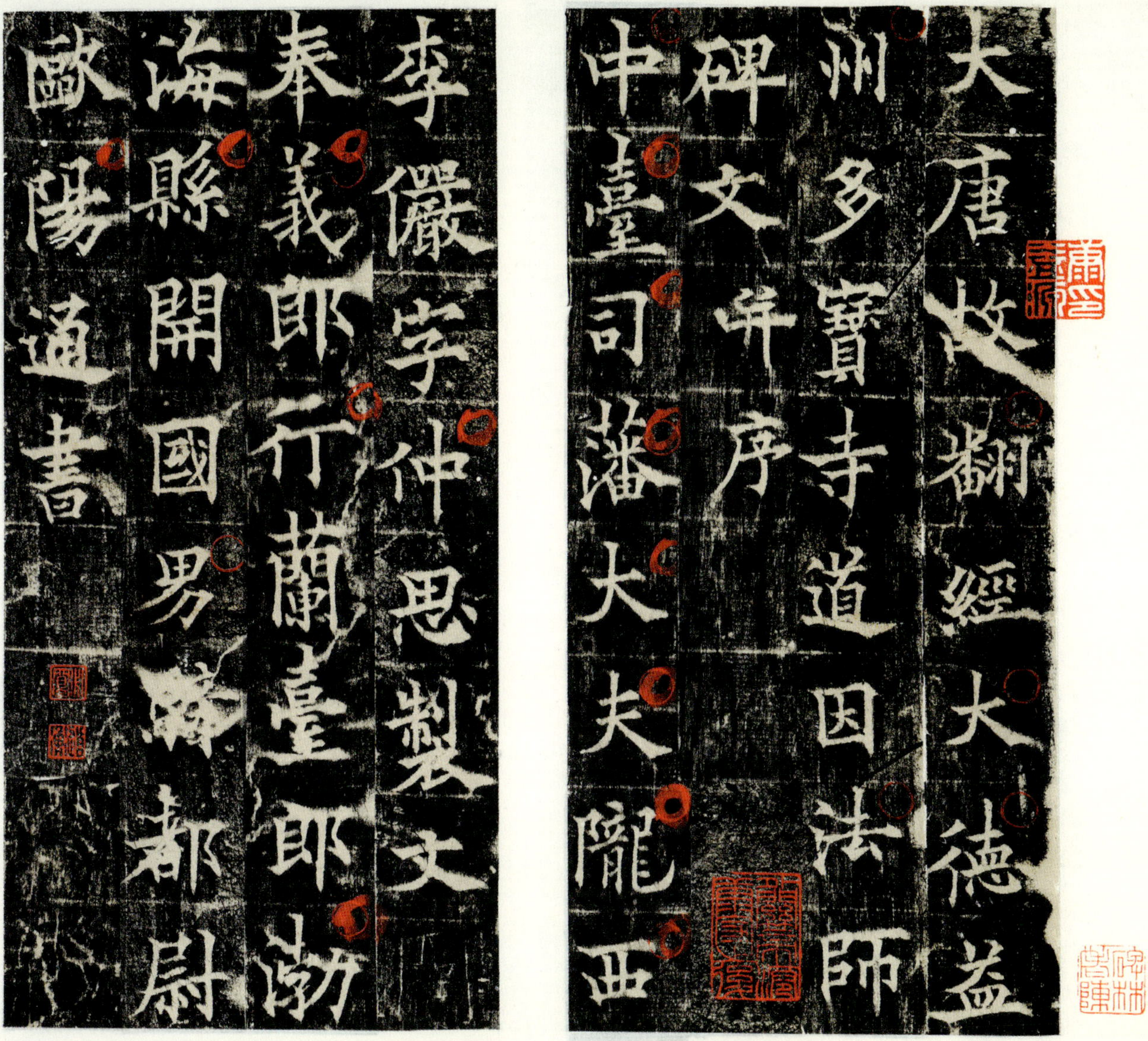

[唐] 欧阳通　道因法师碑

唐龙朔三年（663 年）十月镌立。螭首龟趺，通高 312 厘米。原立于长安怀德坊慧日寺，北宋时移存西安碑林。碑主道因法师（587—658），隋末避乱于益州（今四川成都）东门外多宝寺。后“追赴京邑，止大慈恩寺，与玄奘法师证释梵本”。书丹者欧阳通（625—691），欧阳询之子。初拜兰台郎，仪凤中累迁中书舍人，封渤海公。天授初年（690 年）转司礼卿兼判纳言事，天授二年（691 年）为相。后因反对立武承嗣为太子，被酷吏来俊臣陷害而死。

欧阳通工楷书，得父法而险峻过之，父子齐名，号“大小欧阳”。欧阳通所留碑版仅有两种，一种为《道因法师碑》，另一种为《泉男生墓志》。康有为在《广艺舟双楫》中称赞“小欧《道因碑》遒密峻整”。

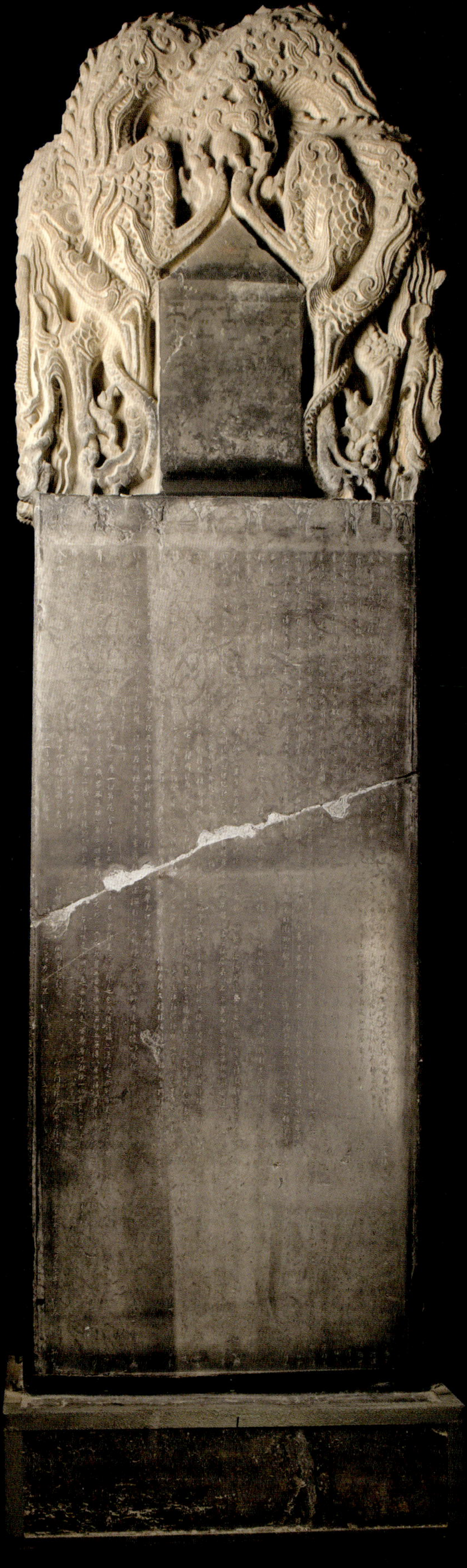

《集王羲之书圣教序碑》讲读音频

［唐］怀仁　集王羲之书圣教序碑

碑高 350 厘米，宽 108 厘米。碑身顶端减地平面阳刻七尊佛像。原立于长安城弘福寺，北宋时移藏西安碑林。唐贞观二十二年（648 年）八月，唐太宗为玄奘新译佛家经典御制《大唐三藏圣教序》。高宗李治时为太子，又作《大唐皇帝述三藏圣教序记》。弘福寺沙门怀仁以所见王羲之书迹，将太宗《圣教序》及其答敕、太子《圣教序记》及其答敕，以及玄奘翻译的《心经》等共 1900 余字从当时尚存的王羲之真迹中一一集出，历时 10 余年，于咸亨三年（672 年）刻成此碑。国宝级文物。

康有为《广艺舟双楫》中有云："《圣教序》，唐僧怀仁所集右军书，位置天然，章法秩理，可谓异才。"

業引慈雲於西極注法雨
東垂聖教缺而復全蒼生
而還福濕火宅之乾燄共
迷途朗愛水之昏波同臻
岸是知惡因業墜善以緣

景云钟

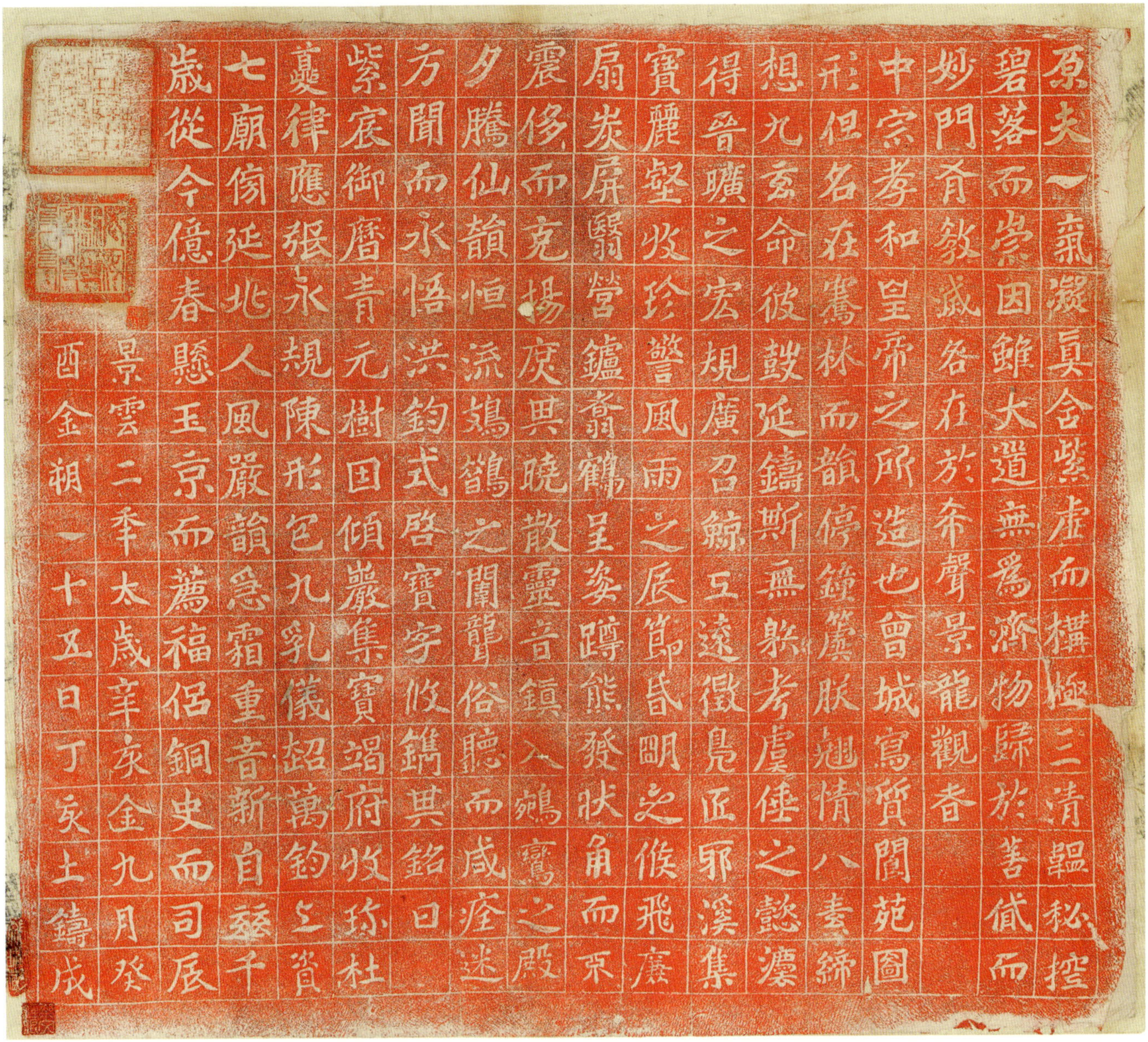

[唐] 唐睿宗　景云钟铭

此钟因铸于唐睿宗景云二年（711 年）而得名。相传这一年，唐睿宗李旦巡游至周至，夜宿行宫，梦见霞光满天、祥云缭绕，以为吉兆，遂下令铸钟以志。钟高 247 厘米，重 6 吨，用铜锡合金铸成。铸造时分为 5 段，共 26 块铸模。钟顶铸有一只神兽，名曰蒲牢。钟身纹饰自上而下分为 3 层，每层用蔓草纹带分为 6 格，共 18 格。格内分别铸有飞天、翔鹤、走狮、腾龙、朱雀、夔牛等图案，四角各有祥云，庄重富丽。钟身正面有骈体铭文一段，共 292 字，由唐睿宗亲自撰文并书写，内容是宣扬道教教义，阐述景龙观的来历、钟的制作经过及对钟的赞扬。这是李旦传世极少的珍贵书迹之一，故为研究书法史者所重。国宝级文物。

《集王羲之书兴福寺碑》

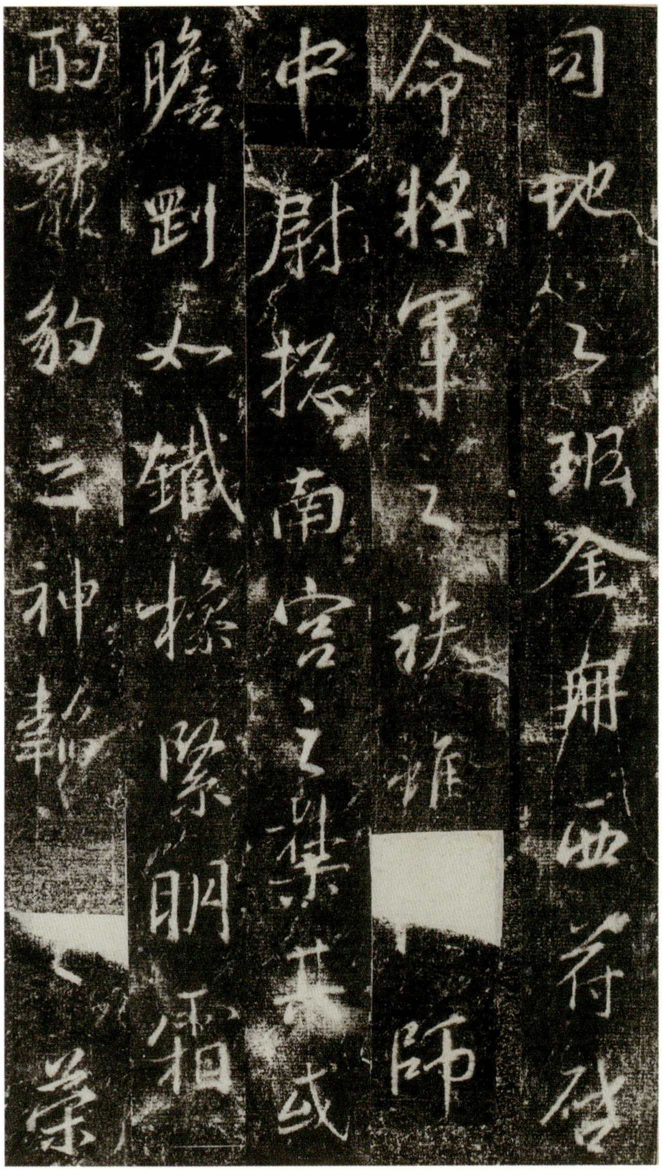

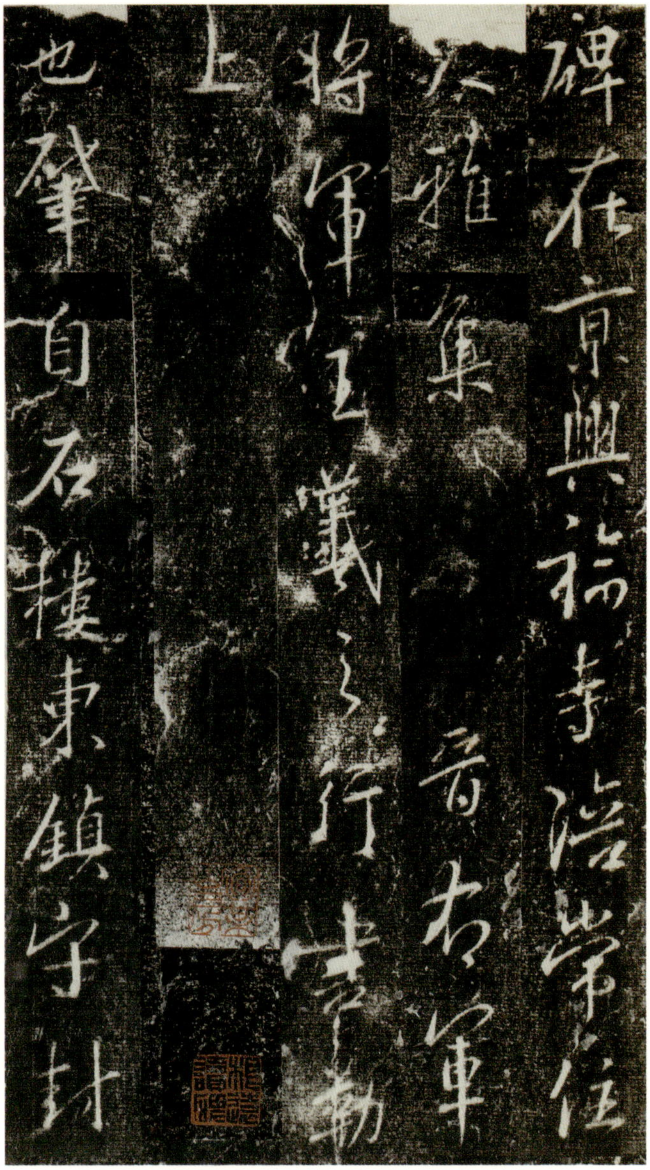

[唐] 大雅　集王羲之书兴福寺碑

唐代，继怀仁集王羲之行书而成《圣教序碑》之后，开元九年（721 年），僧人大雅又集王羲之行书刻成《兴福寺碑》。明万历年间，碑于西安南城壕出土，旋移至西安碑林。因仅存下半截（残高 80 厘米），故称“半截碑”。碑文书法流畅，颇具古淡之趣，因而被历代书家推重。清代杨宾谓：唐代集王书者有十八家，推《圣教》为第一，《兴福寺》紧随其后。此碑也是古代碑刻装饰艺术的顶级作品。碑侧浮雕缠枝花卉，间有凤凰、舞人、胡人骑狮等。舞人所跳乃自西域石国传入中原的著名健舞柘枝舞。

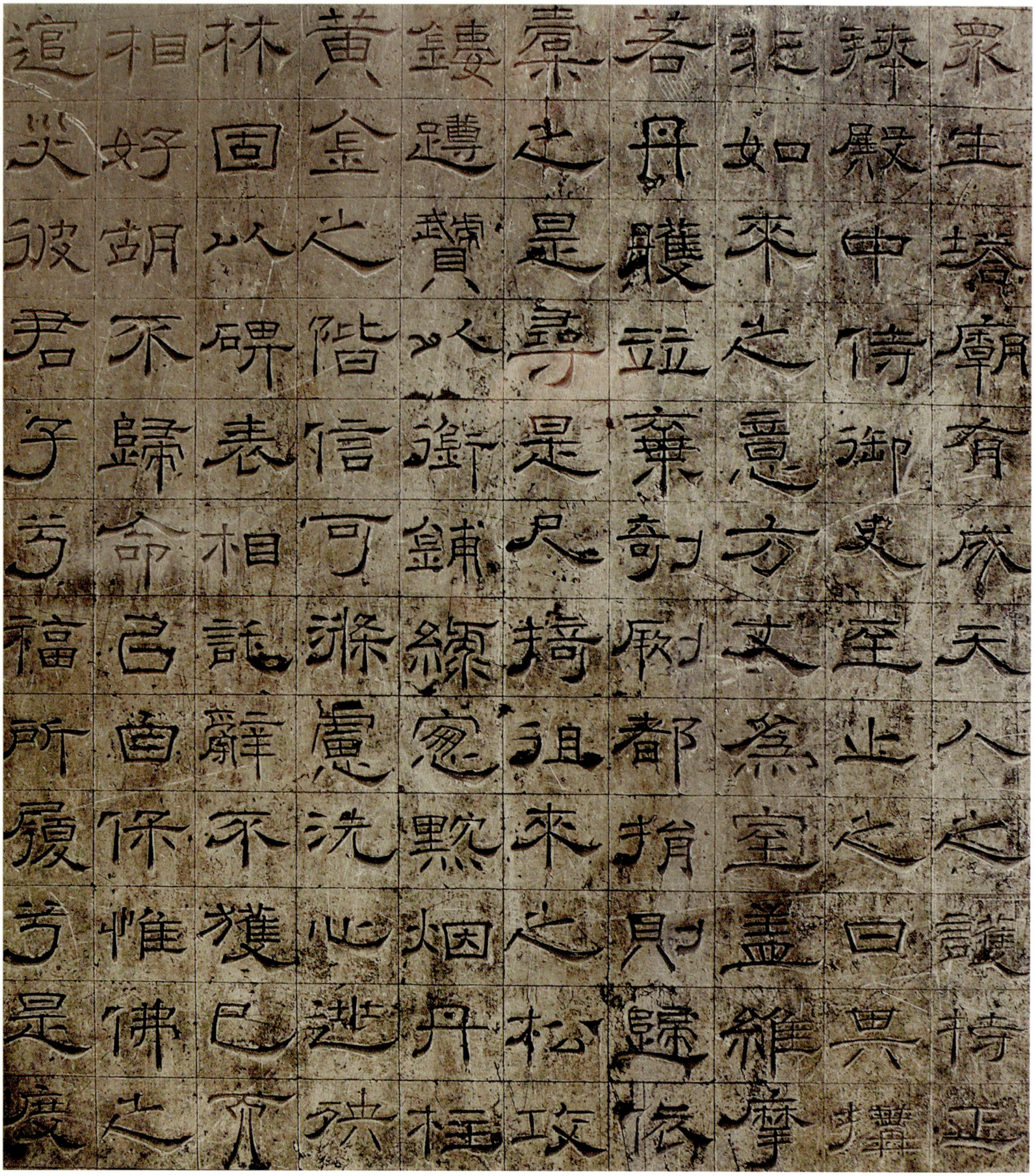
《御史台精舍碑》原石（局部）

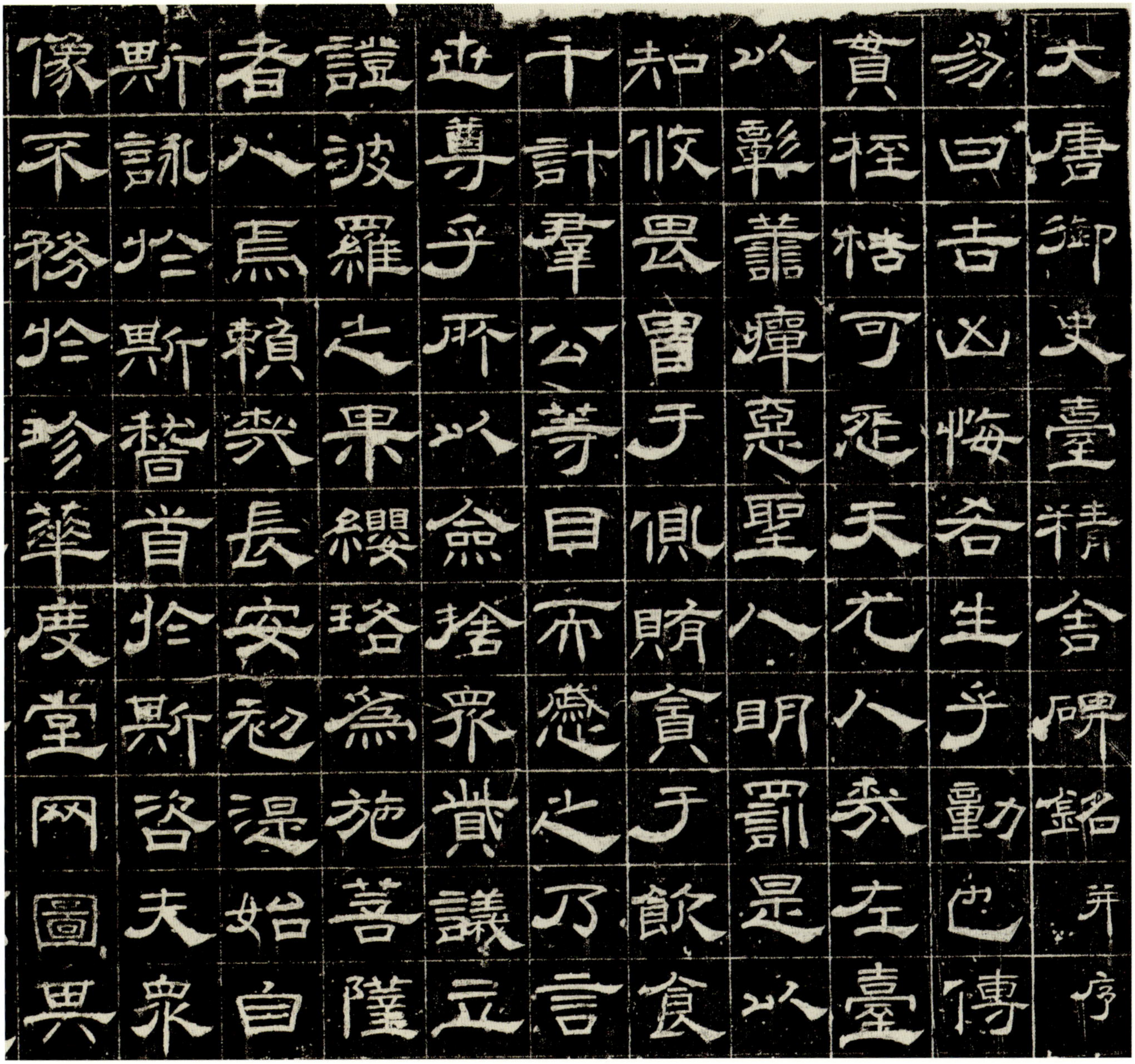

［唐］梁昇卿　御史台精舍碑

唐开元十一年（723 年）立。螭首方趺，高 145 厘米，宽 65 厘米。额题“御史台精舍碑”6 字。碑文 18 行，满行 30 字。崔湜撰文，梁昇卿书丹，赵礼刻石。碑文涉及唐代的监察制度、监察机构、狱政措施、立法状况和法制思想，记录了当时在监察机构御史台不仅设有监狱，而且狱旁还设有精舍，以期用佛教感化罪犯。碑阴及两侧刻有曾做过御史的七百多人的姓名。

书丹者梁昇卿，开元名臣之一，唐代著名隶书家，平生涉学工书，尤精八分。官至广州都督、太子右庶子，约卒于天宝初年。

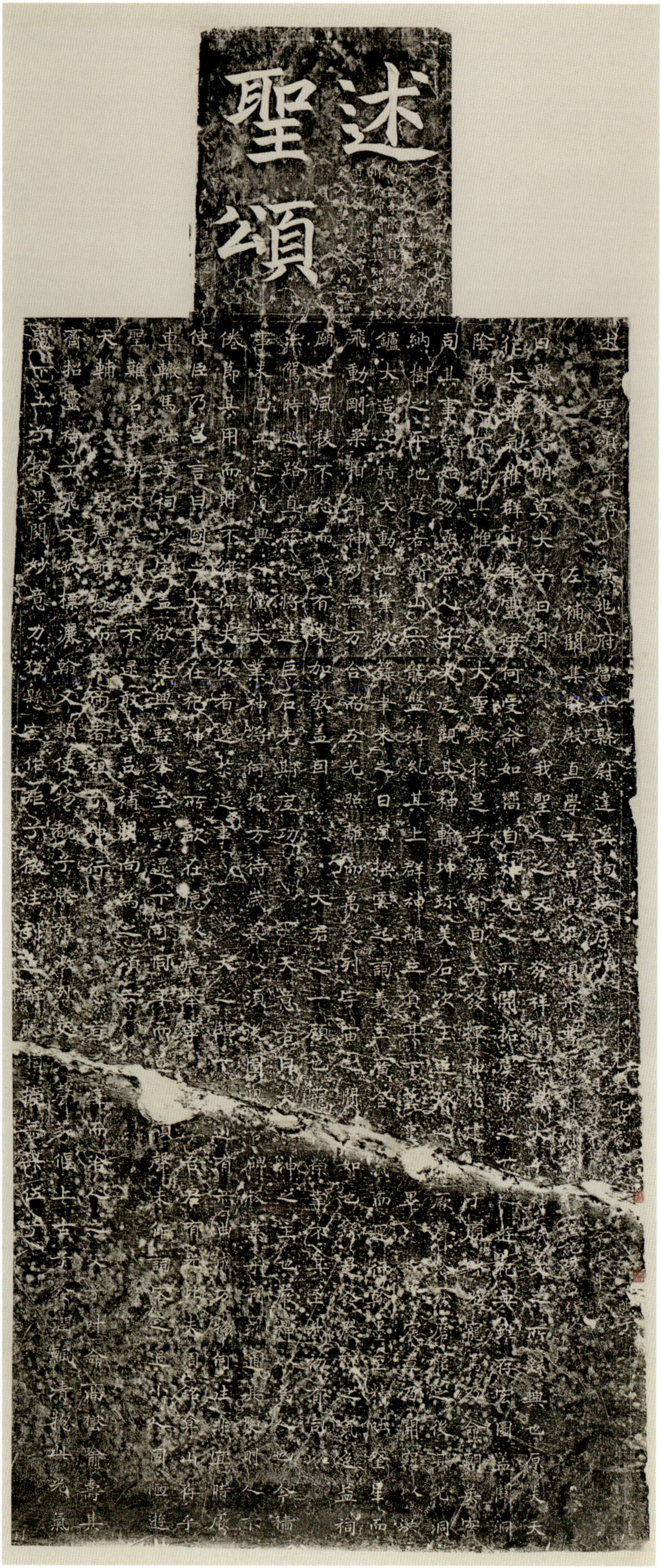

《述圣颂碑》民国拓

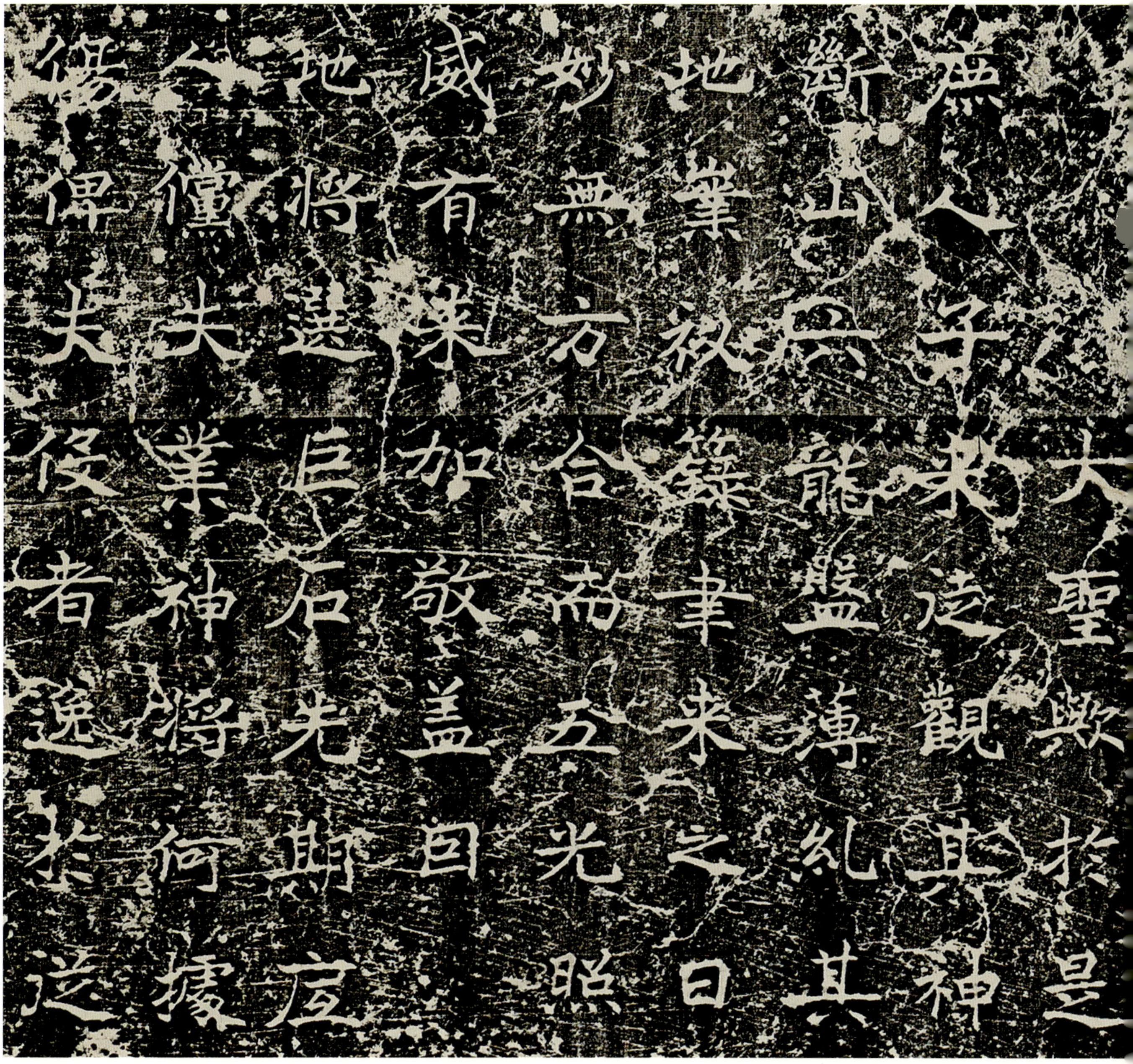

［唐］吕向　述圣颂碑

唐开元十三年（725 年）立。螭首方趺，高 231 厘米。原立于陕西华阴西岳庙，1929 年移至西安新城，1948 年移藏西安碑林。碑文是为唐玄宗所书《华岳庙铭》而作的颂德纪功之文。京兆府富平县尉达奚珣撰序，左补阙、集贤殿直学士吕向撰颂并书。吕向（？—742）出身翰林待诏，后充任集贤院校理，专侍太子及诸王为文章，官至工部侍郎，书法清劲疏朗。曾被玄宗诏为镌勒使，为其勾勒润饰御碑《华岳庙铭碑》。吕向所书碑志，目前仅发现此碑。

碑阴上方刻韩择木隶书《告华岳文》。

《告华岳文》民国拓

［唐］韩择木　告华岳文

唐天宝元年（742 年）刻于《述圣颂碑》碑阴。原在陕西华阴西岳庙，1948 年移藏西安碑林。韩赏撰文，韩择木书。韩择木，韩愈的叔父，唐开元年间曾任右散骑常侍，故人称“韩常侍”。曾担任太子及诸王侍书达 10 余年之久，是资深的皇室专职书法教师。曾与颜真卿、徐浩共事多年，与史惟则也有往来。《述书赋》中说：“韩常侍则八分中兴，伯喈（蔡邕）如在。”《宣和书谱》评曰：“隶学之妙，惟蔡邕一人而已。择木乃能追其遗法，风流闲媚，世谓蔡邕中兴焉。”

《大智禅师碑》清拓裱本（首页）→

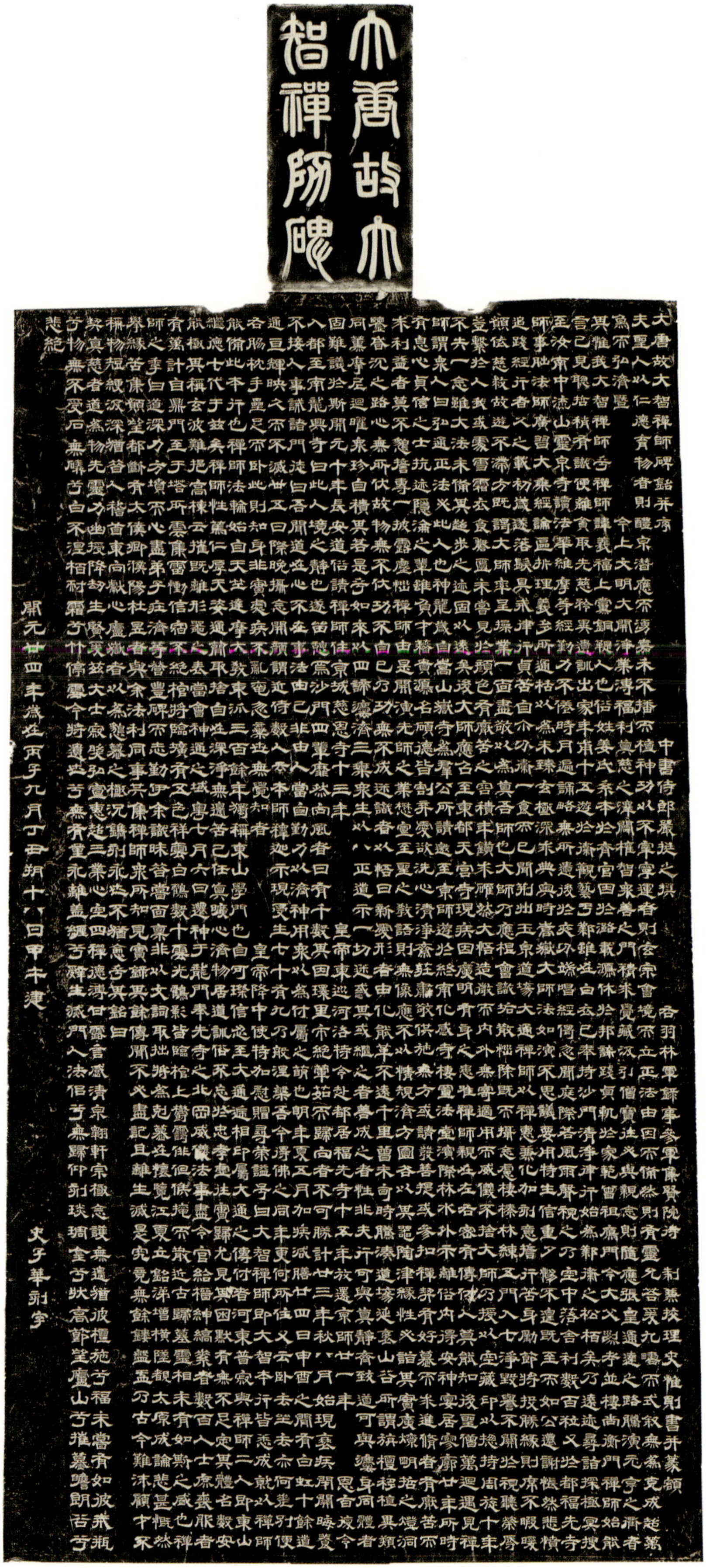

［唐］史惟则　大智禅师碑

唐开元二十四年（736 年）刻。螭首龟趺，通高 408 厘米，碑身高 202 厘米，宽 114 厘米。严挺之撰文，史惟则书并篆额，史子华刻字。高大的碑首上左右对称地雕刻有三条螭龙，它们相互盘结，共同托举起一尊端坐于云座之上的佛像。碑额题“大唐故大智禅师碑”，篆书，被翻卷的云纹环绕。在碑身两侧，工匠熟练地运用减地浮雕和阴线刻两种技法，镌刻出繁缛精致的纹饰：一株摇曳生姿的蔓草以流动的“S”形由下而上贯穿碑侧，骑狮仙人、婀娜菩萨、迦陵频伽及各种珍禽瑞兽穿插在盛开的团花之间。此碑是大唐开元盛世碑刻装饰艺术的压卷之作。

史惟则书法苍劲庄严，颇具骨力，明赵崡、清孙承泽等推其为“开元第一”。

大唐故大智禪師碑
銘并序
中書侍郎嚴挺之撰
右羽林軍錄事參軍
集賢院待制兼挍

《石台孝经》拓本（局部）→

《石台孝经》讲读音频

［唐］唐玄宗　石台孝经

唐天宝四年（745 年）立于长安国子监（位于今西安碑林南约 300 米处），北宋崇宁二年（1103 年）移至西安碑林现址。碑高 620 厘米，宽 120 厘米，由四块青石围绕中心的长方形石柱合成，四面刻字。碑顶雕刻着灵芝云纹簇拥的双层花冠，碑座底下有三层石台。碑文是唐玄宗李隆基亲笔抄写的《孝经》，以及他亲自作的序和注解，均以隶书书写。最后由太子李亨（即后来继位的唐肃宗）篆额。此碑为国宝级文物。

《石台孝经》上的隶书，用笔大气磅礴，结构庄严恢宏，整体丰腴华丽，因此被称为唐代隶书的典范。作为中国书法史上著名帝王书法家的李隆基，其书法丰腴华丽，波磔分明，左舒右展，给即将衰微的隶书注入了新的气息。

朕聞上古其風朴略雖因心之孝已萌而資敬
以順移忠之道昭矣立身揚名之義彰矣子曰
而況於公侯伯子男乎朕嘗三復斯言景行先
秦得之者皆煨燼之末濫觴於漢傳之者皆糟
甚至於跡相祖述殆且百家業擅專門猶將十
以必當為主至當歸一精義無二安得不翦其
之注在理或當何必求人今故特舉六家之異
志取垂訓雖五孝之用則別而百行之源不殊

孝經

開宗明義章第一

仲尼居（仲尼孔子字 居謂閒居）曾子侍（曾子孔子弟子 侍謂侍坐）子曰先王有至
何足以知之（參曾子名也禮師有問避席起荅敏達也言參不達何足知此至要之義）子曰夫孝德之

［唐］颜真卿　多宝塔碑

唐天宝十一年（752 年）四月立。岑勋撰文，徐浩题额，颜真卿书丹。碑文记载了西京龙兴寺楚金禅师修建多宝佛塔的事迹。此碑 1103 年移存西安碑林。国宝级文物。

颜书点画圆整，端庄劲秀，已有个人独特面目。撰文者岑勋是诗人李白的朋友，他有个大名鼎鼎的叔伯兄弟，即诗人岑参。此碑额题“大唐多宝塔感应碑”，隶书，出自徐浩之手。徐浩是颜真卿的同僚，长颜 6 岁，唐玄宗至唐肃宗朝曾两度主持内府法书鉴定。千福寺在唐长安城安定坊之东南隅（大致在今西安西站西南），原为章怀太子宅，咸亨四年（673 年）舍为寺。

暢玉粹金輝慧鏡無垢
慈燈照微空歸其七
天寶十一載歲次壬辰
四月乙丑朔廿二日戊
戌建

《多宝塔碑》清乾隆拓裱本（末页）

《争座位帖》

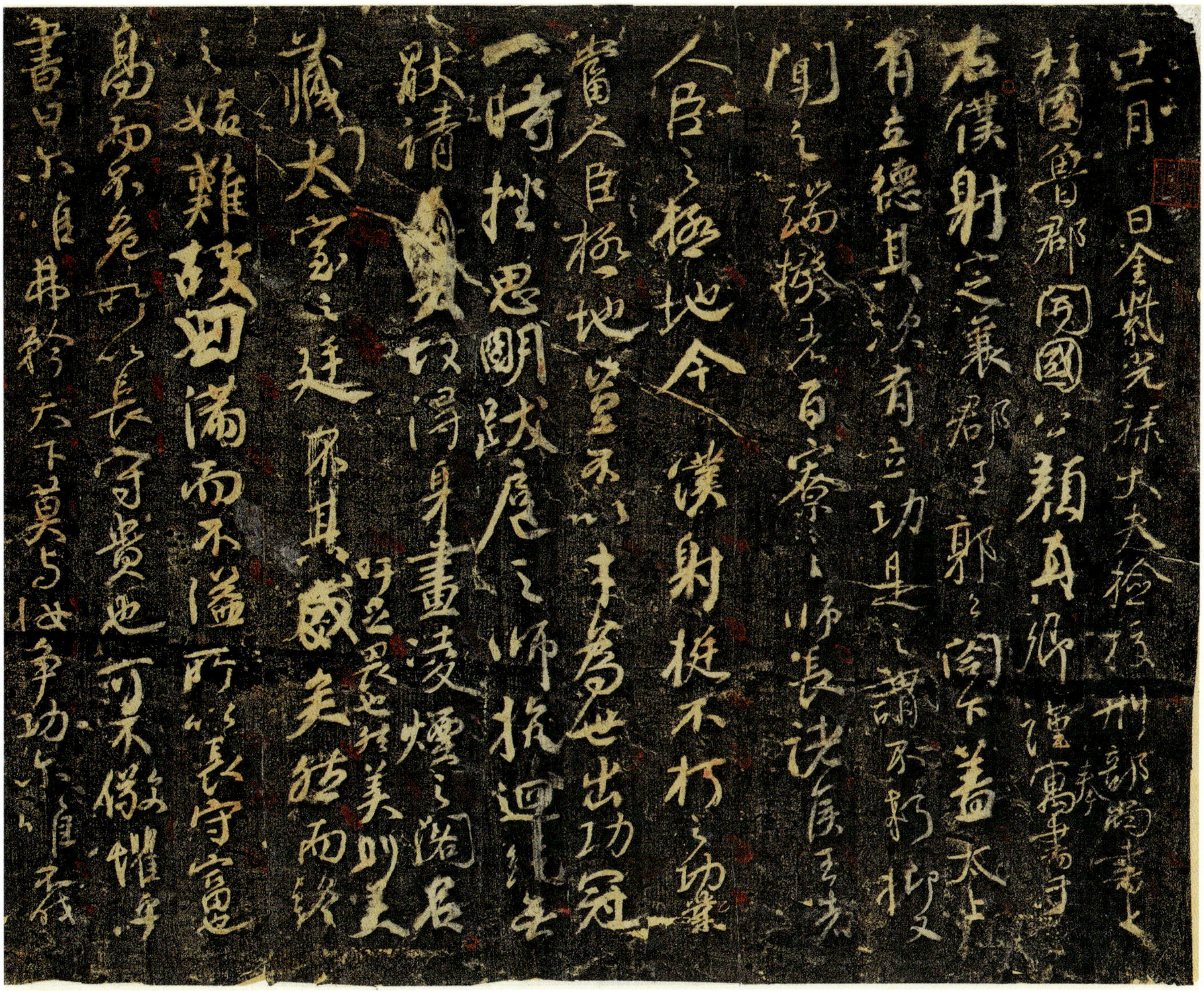

［唐］颜真卿　争座位帖

此为颜真卿 56 岁时写给右仆射郭英乂的一封书信手稿。唐广德二年（764 年），汾阳郡王郭子仪大破吐蕃十万军，得胜还朝。代宗令宰臣百僚迎之于开远门，并在安福寺举行兴道会。郭英乂为了巴结宦官鱼朝恩，排座位时，对其礼遇高于六部尚书。颜真卿遂致信郭英乂，直斥其行为“何异清昼攫金（白昼打劫）”。故称《争座位帖》。原稿北宋时由安师文、安师孟兄弟收藏，后入内府。大概在“靖康之难”中，原墨迹佚失不存。幸而北宋熙宁五年到八年（1072—1075）永兴军知府吴中复先行以真迹模勒刻石于当时的京兆府孔庙。1103 年移存西安碑林现址。

此稿系颜真卿因不满权奸的骄横跋扈而愤然直书之作，故姿态飞动，刚烈之气跃然纸上，是中国行书史上的杰作。

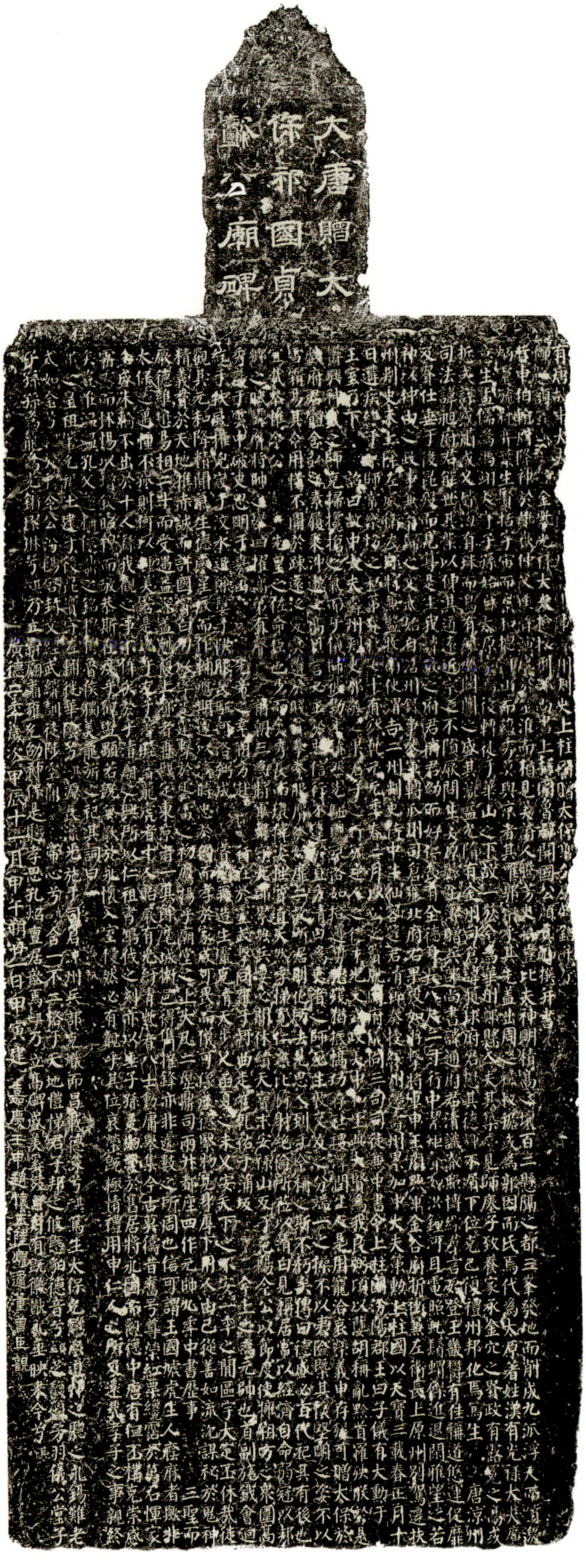

《郭氏家庙碑》拓本

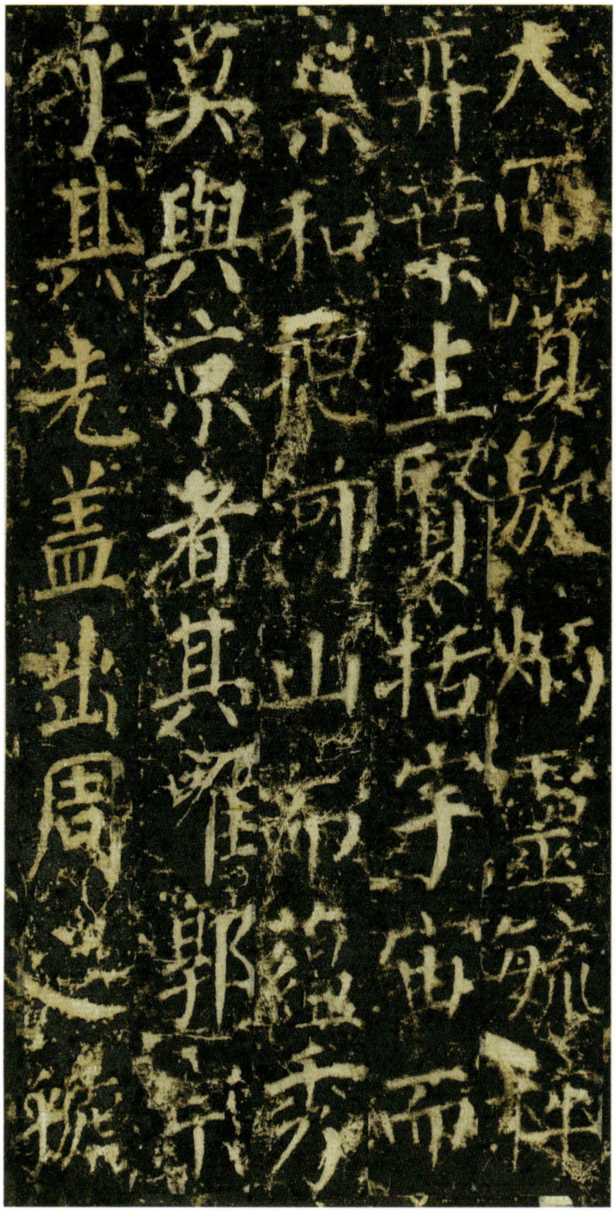

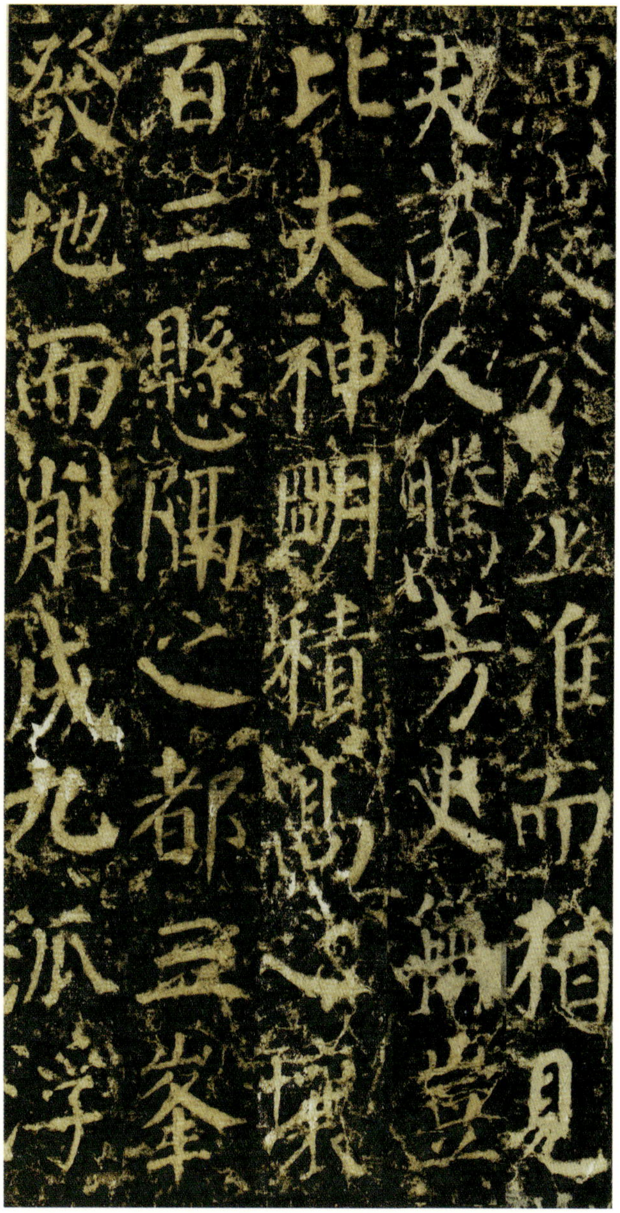

［唐］颜真卿　郭氏家庙碑

此碑碑文由颜真卿为平定安史之乱、大败吐蕃，对大唐有再造之功的郭子仪的家庙撰写并书丹，记述了郭子仪的家世和功业。作为郭子仪亲家的代宗李豫亲自以隶书题额。碑高 318 厘米。原立于长安常乐坊郭子仪父郭敬之私邸（今西安交通大学南部），清代时存于西安府布政司署，1950 年移入西安碑林。

此碑为颜真卿 56 岁时所书，正当他书艺成熟精湛、气力充沛之时。碑文书法遒劲宽博，以中锋雄壮之笔一气呵成，结字浑厚含蓄、刚健磊落；夸大了横画的细劲，加深了垂竖和撇、捺、点的粗壮纵力，通体伟劲磅礴。碑上的颜书已完全具有自家风貌，成为盛唐书法的典范。

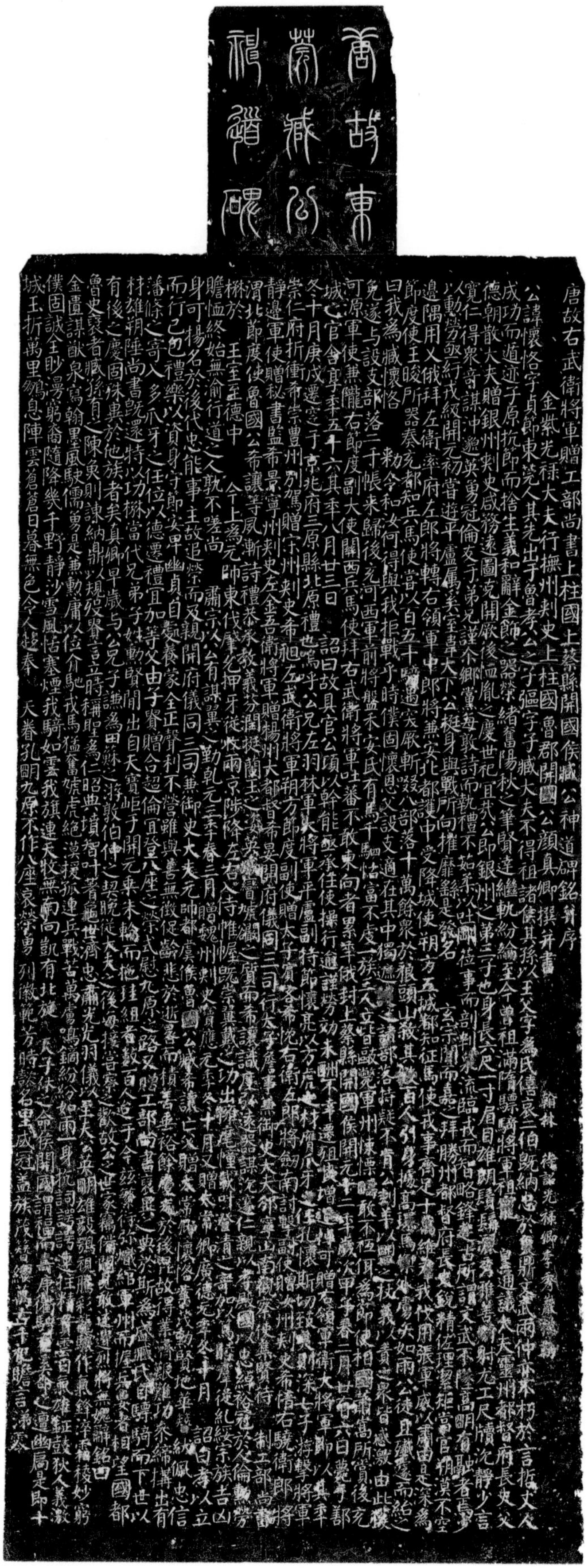

《臧怀恪碑》拓本

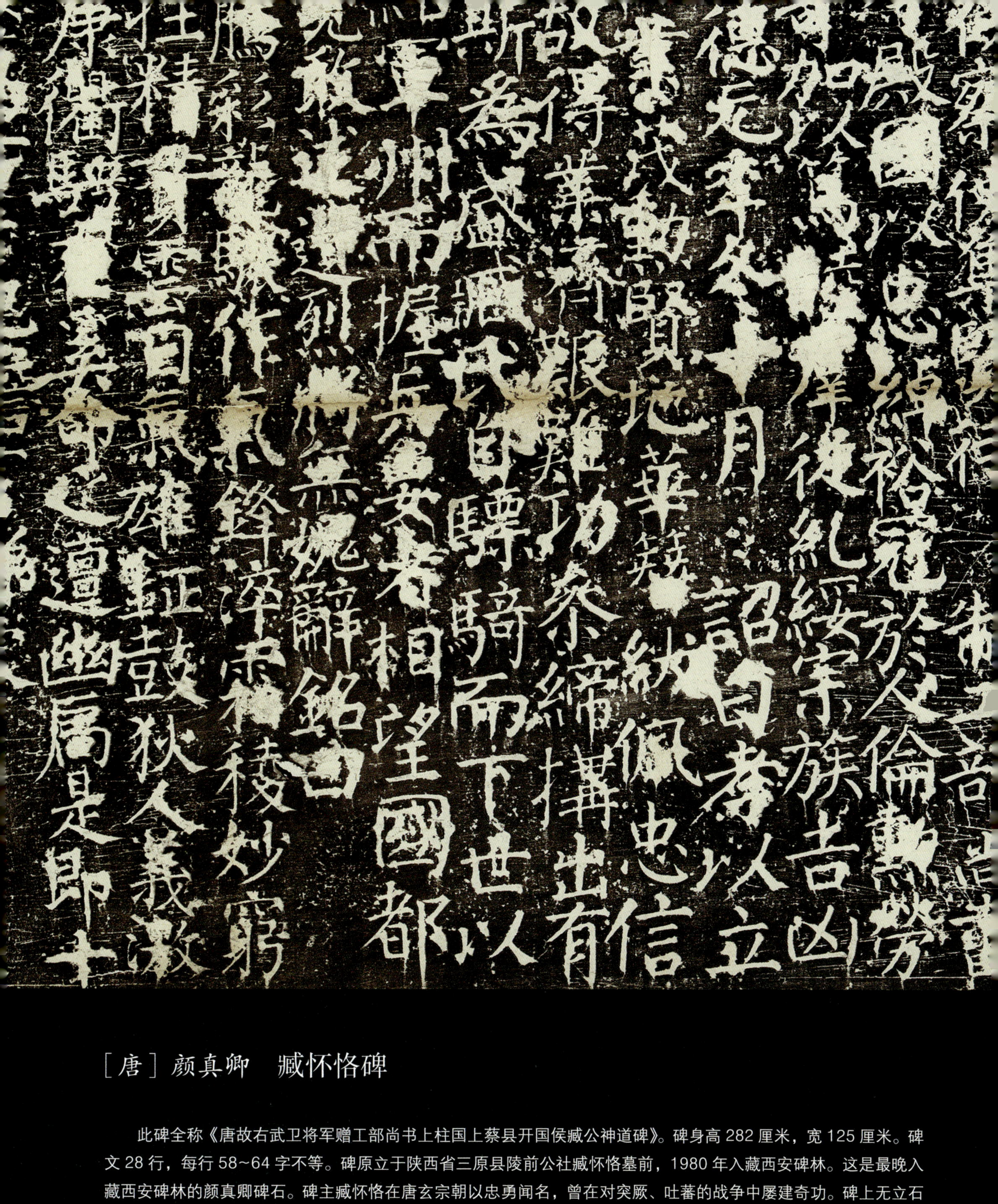

［唐］颜真卿　臧怀恪碑

此碑全称《唐故右武卫将军赠工部尚书上柱国上蔡县开国侯臧公神道碑》。碑身高 282 厘米，宽 125 厘米。碑文 28 行，每行 58~64 字不等。碑原立于陕西省三原县陵前公社臧怀恪墓前，1980 年入藏西安碑林。这是最晚入藏西安碑林的颜真卿碑石。碑主臧怀恪在唐玄宗朝以忠勇闻名，曾在对突厥、吐蕃的战争中屡建奇功。碑上无立石年月，应是大历四年至大历六年（769—771）颜真卿任抚州刺史时，应镇守长安北大门的鄜坊节度使臧希让邀请，为其父所书。

此碑书法属于颜真卿书法风格形成并逐渐变化过程中的代表性作品，结体宽博疏朗，雄秀劲健，

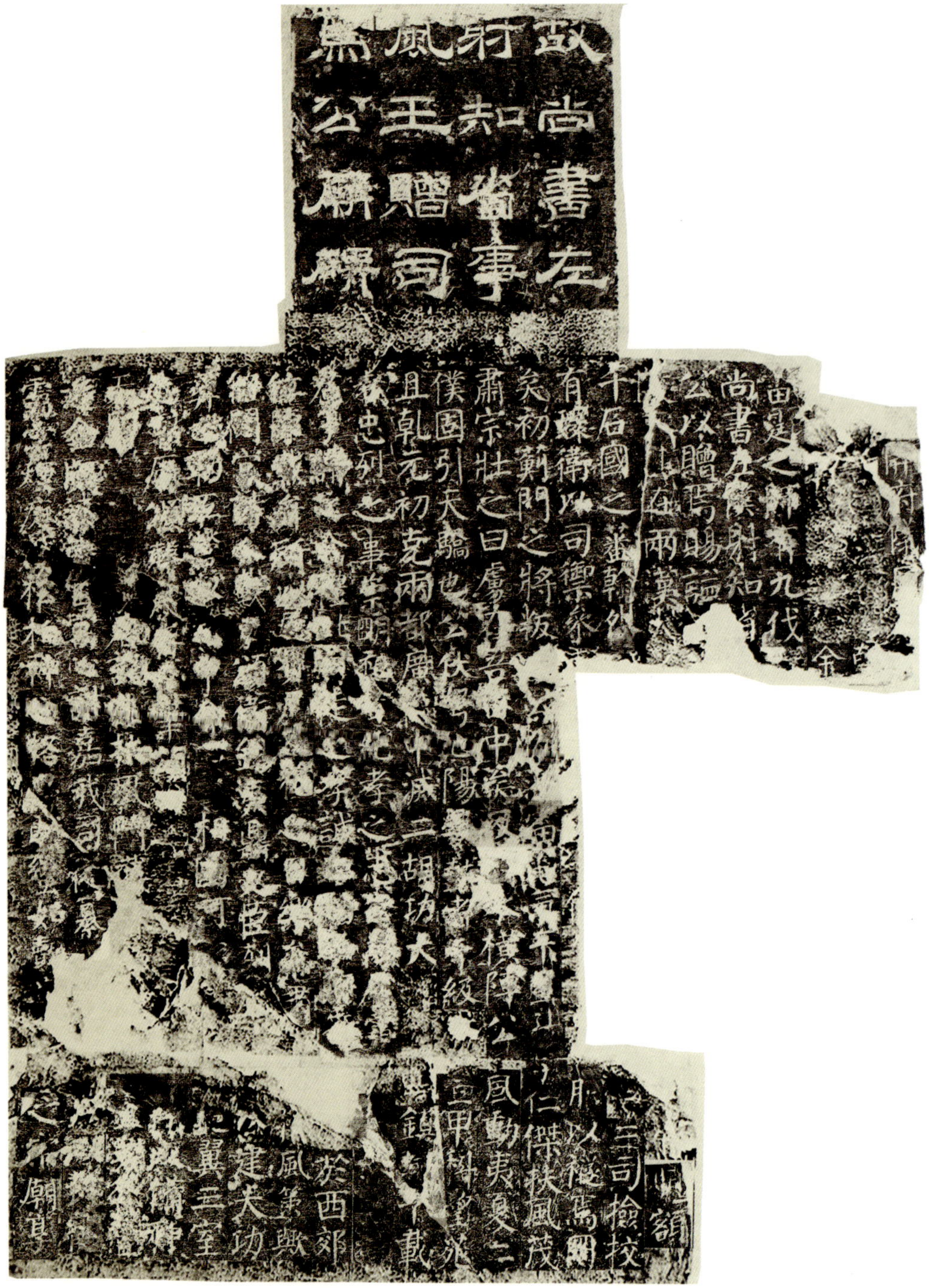

[唐] 颜真卿　马璘新庙碑

唐大历十四年（779 年）六月书，碑文由程浩撰写，唐隶名家韩择木长子韩秀实书额。时年 71 岁的吏部尚书颜真卿为刚过世的唐“中兴猛将”扶风郡王马璘（721—776）的家庙所立《马璘新庙碑》亲自书丹。他特意举荐已经去世的老部下韩择木的长子韩秀实用隶书书写碑额“唐故尚书左仆射知省事扶风王赠司徒马公庙碑”20 字，以示在书艺上对晚辈的肯定与提携。

此碑著录首见于欧阳修《集古录》，后湮没无闻。直至清光绪十七年（1891 年）始出土于西安藩署，可惜已残损为五石，仅存 400 余字。1947 年移存西安碑林。初葺于墙，近年卸下，秘藏于文物库房。

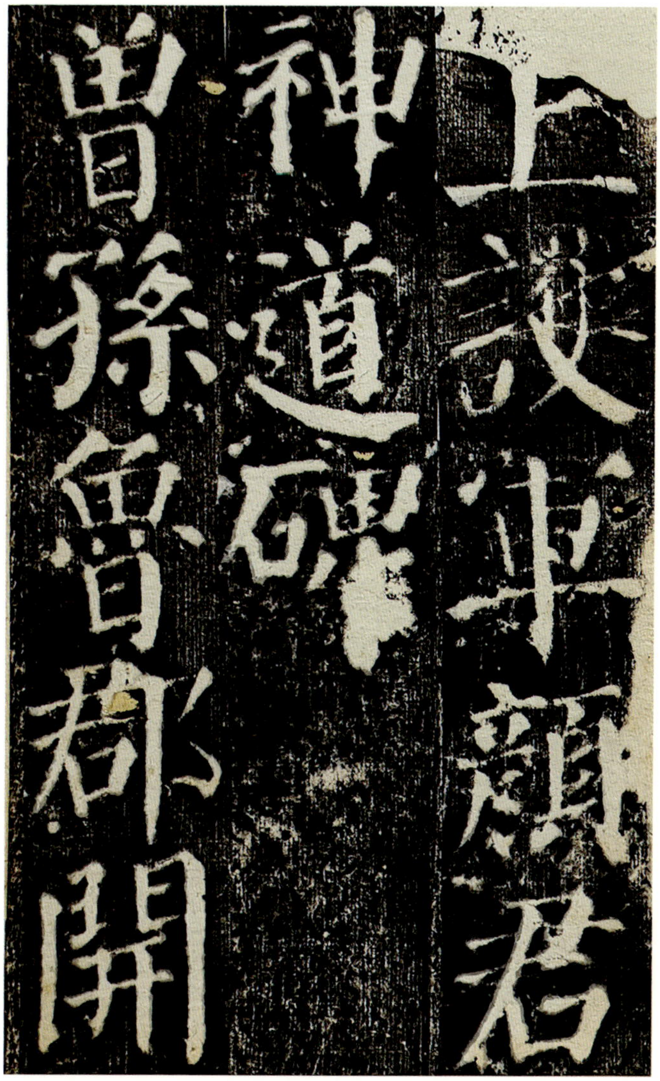

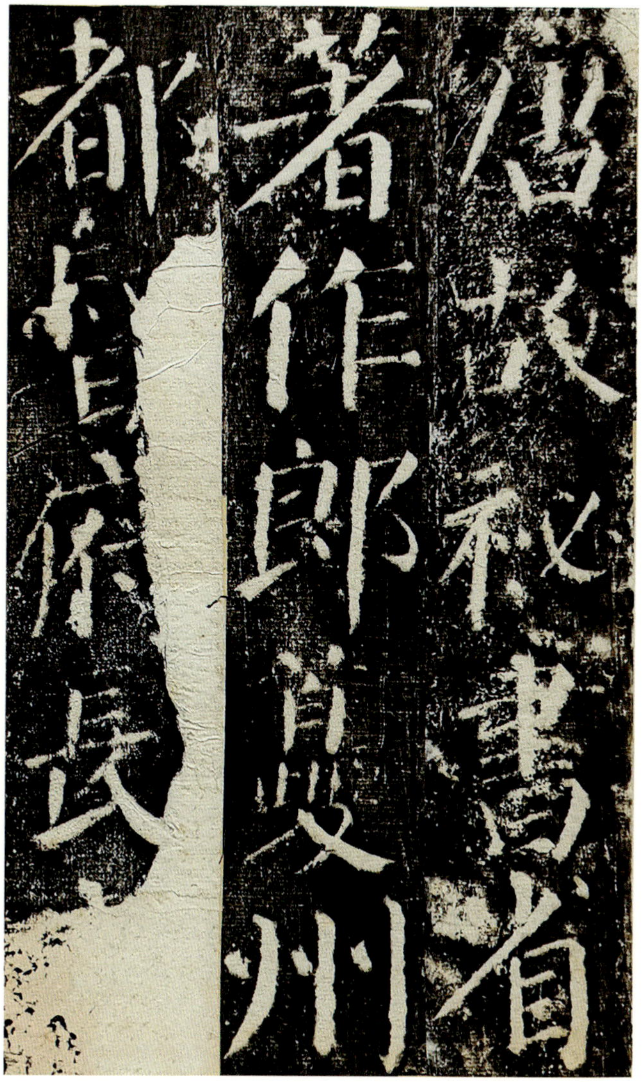

[唐] 颜真卿　颜勤礼碑

此碑立于唐大历十四年（779 年），是颜真卿为其曾祖父颜勤礼撰书刻立之神道碑。螭首方座，碑高 268 厘米，宽 92 厘米，三面刻字，共 44 行，每行 38 字。未刻碑额。此碑原在唐万年县宁安乡凤栖原上，或在五代后梁刘鄩守长安时，与《开成石经》等大批碑石一起被迁至故唐尚书省之西隅。宋代以后埋入地下。1922 年重见天日。1948 年移入西安碑林。国宝级文物。

此碑是颜真卿被贬为吉州司马，闲居静心时所书，当属颜真卿中晚年的力作，是其一变古法、开宗立派的代表性作品之一。碑文书法结构开张，外松内紧，寓自然稳健于沉雄之中。其用笔方圆并施，横平较细，竖立挺壮，可谓旷代绝笔。

《颜氏家庙碑》

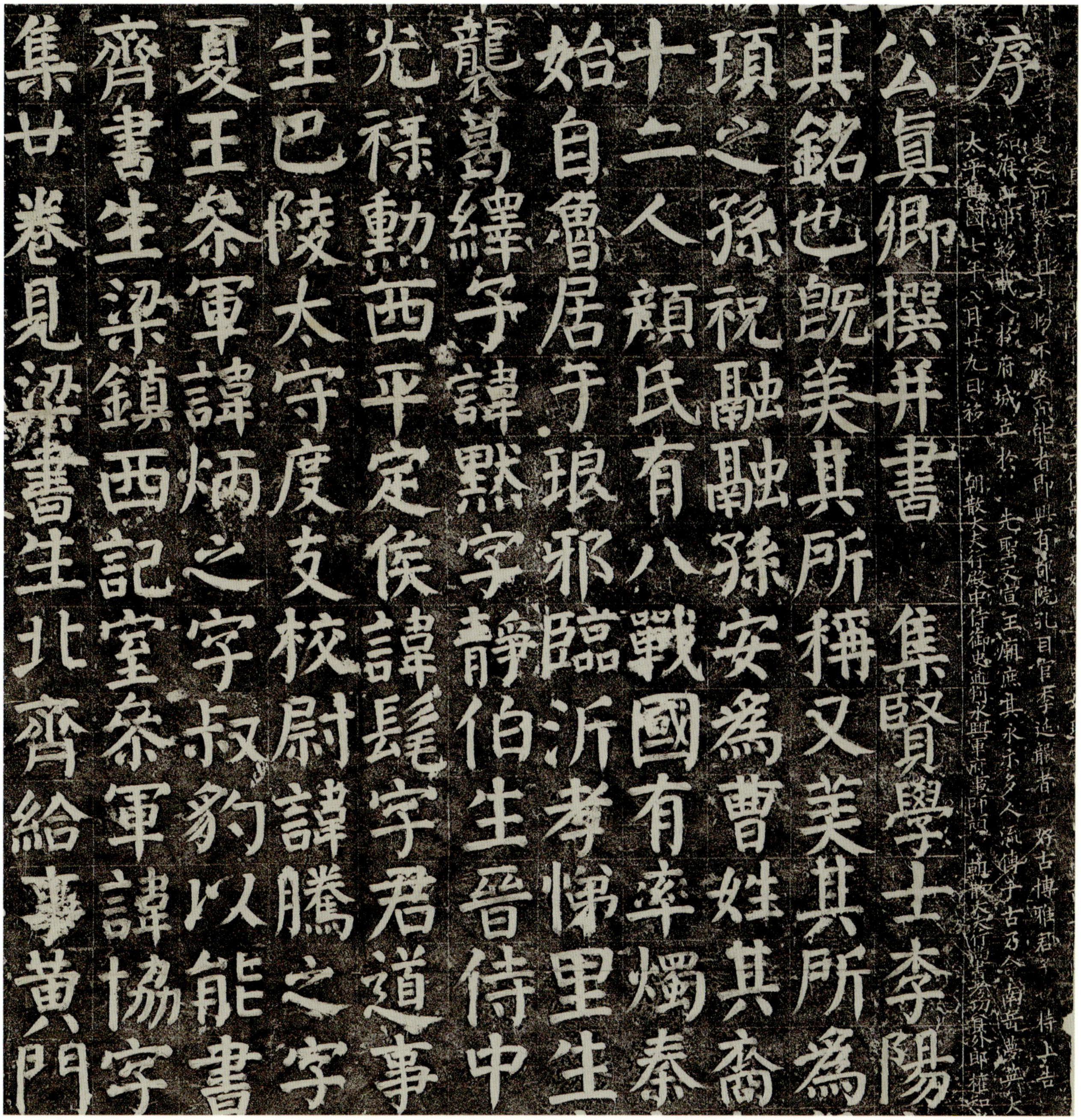

[唐] 颜真卿　颜氏家庙碑

唐建中元年（780 年）立。螭首龟趺，通高 394 厘米。碑阳、碑阴文字各 24 行，满行 47 字。两侧文字各 6 行，满行 52 字。此碑是颜真卿为其父颜惟贞所立。颜真卿撰文并书丹，李阳冰篆额。碑阳首行题下记有北宋太平兴国七年（982 年）碑石移入文庙的情况。据载，此前碑已仆倒于郊野。它是后来移入西安碑林现址最早的碑石之一，是颜真卿现存最晚的作品。是时颜真卿年高笔老，风力遒厚，书艺已臻人书俱老、炉火纯青之境。三年后，颜真卿为贼所害。

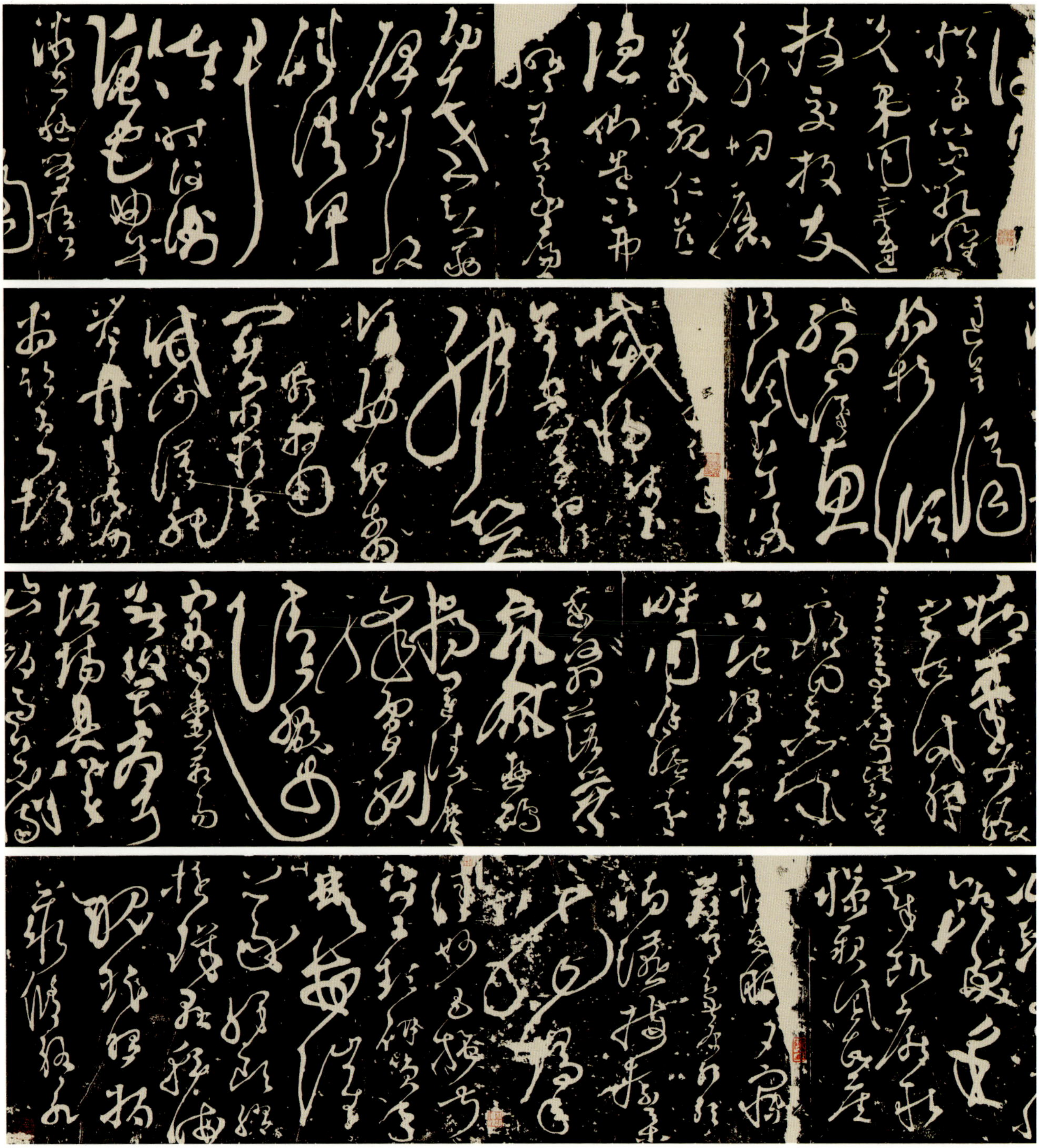

《断千字文》民国拓

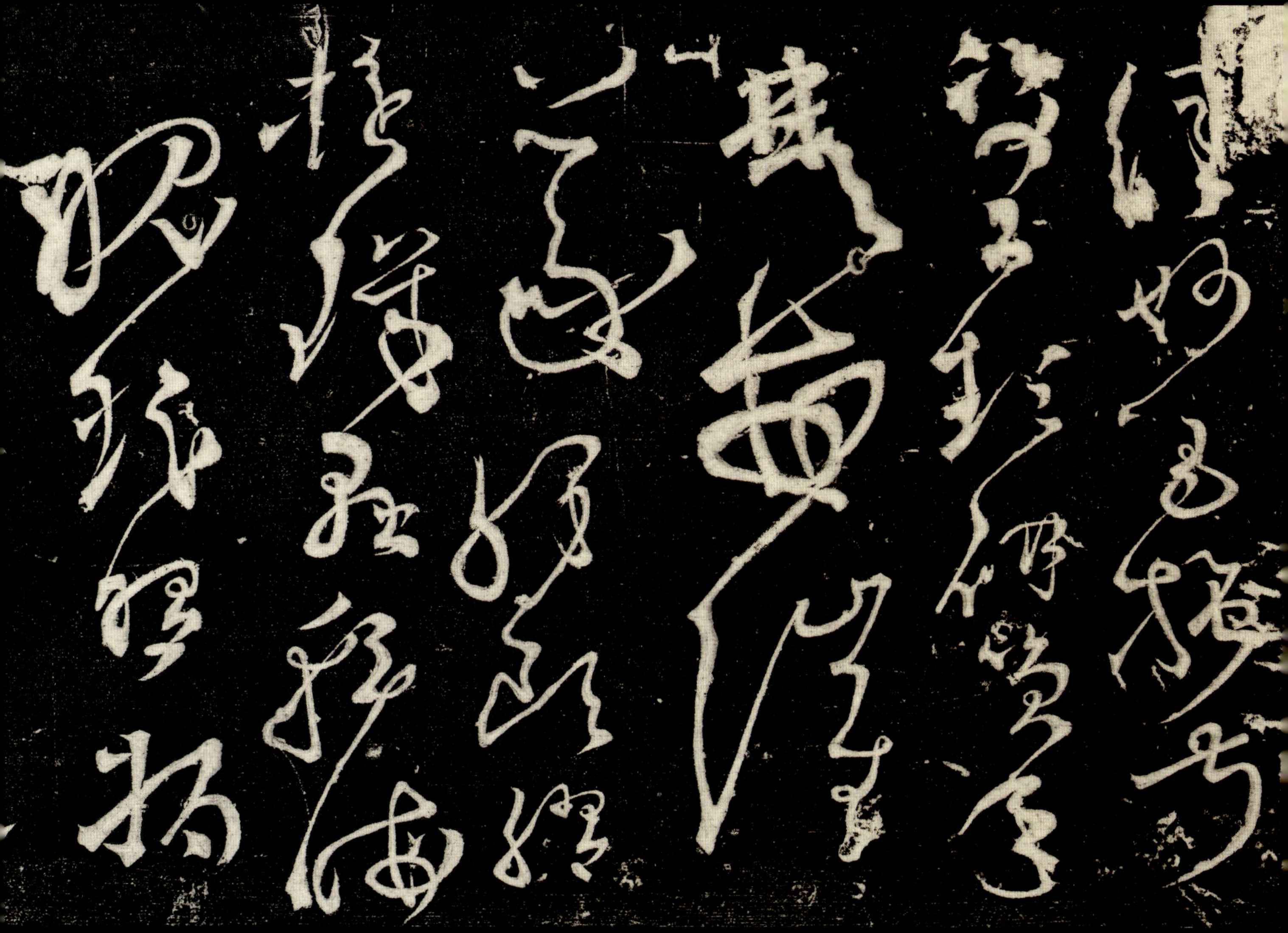

［唐］张旭　断千字文

张旭草书。刻石现残存 6 块，共 200 余字。此帖为张旭于唐乾元二年（759 年）所书，宋元丰三年（1080 年）吕大防上石。至晚在明代成化初年之前，6 块残石已经移存西安碑林。张旭，生卒年不详，为人洒脱不羁，才华横溢。与李白、贺知章相友善，杜甫将此三人列入“饮中八仙”。张旭是极有个性的草书大师，他把书法的音乐美发挥到了极致，有“张颠”的雅称。

《三坟记》拓本（局部）→

[唐]李阳冰　三坟记

唐大历二年（767 年）刻。李季卿撰文，李阳冰篆书。螭首龟趺，螭首已残。碑身残高 160 厘米，宽 80 厘米。碑文共 23 行，满行 20 字。碑文记载了李季卿三位兄长的仕途履历、所遗文集及改迁三坟之事。明人以为此碑乃宋代重刻，西安碑林研究员路远先生考订其为唐代原刻。

李阳冰篆书线条细劲，却有千钧之力。《三坟记》为其代表作。在唐代篆书中，李阳冰成就最高。清代孙承泽云："篆书自秦、汉以后，推李阳冰为第一手。今观《三坟记》，运笔命格，矩法森森，诚不易及。"当年李阳冰对自己的篆书亦颇为自信，自诩曰："斯翁之后，直至小生。"

卿字榮寶皋東東丘人
歲小家宰事以彭孝
溫場鋤昏璽醲漂梅
賊入動手今賴止大
多曾閔億也文學繼
材也吳穿生德宅受
一紀三墳相所思其
陵故堂葬不肆荼專

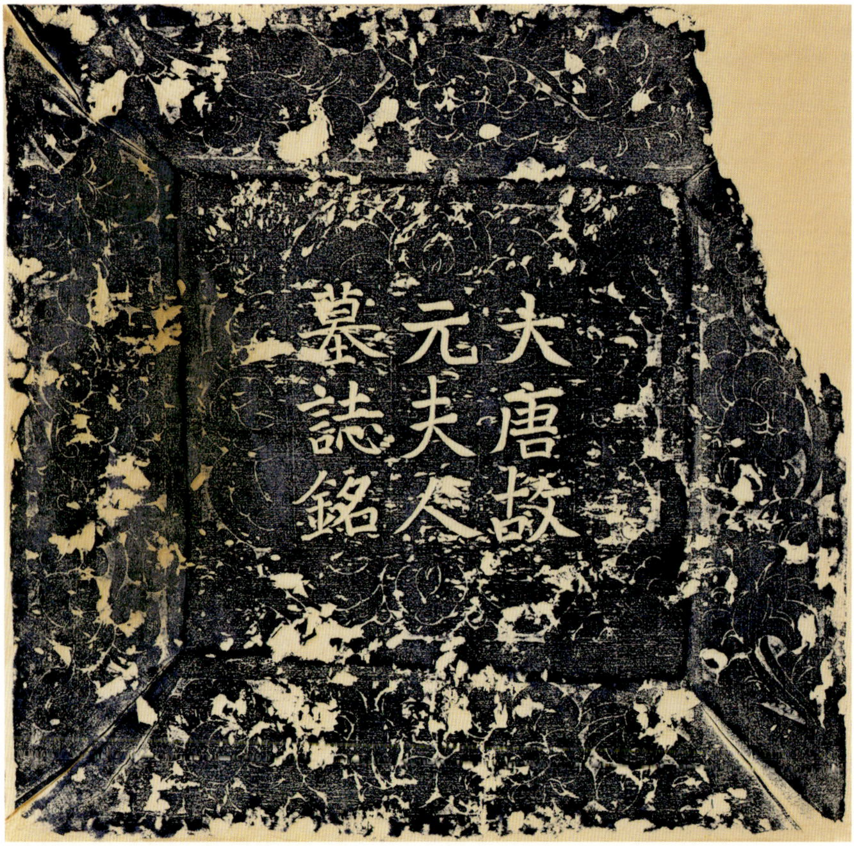

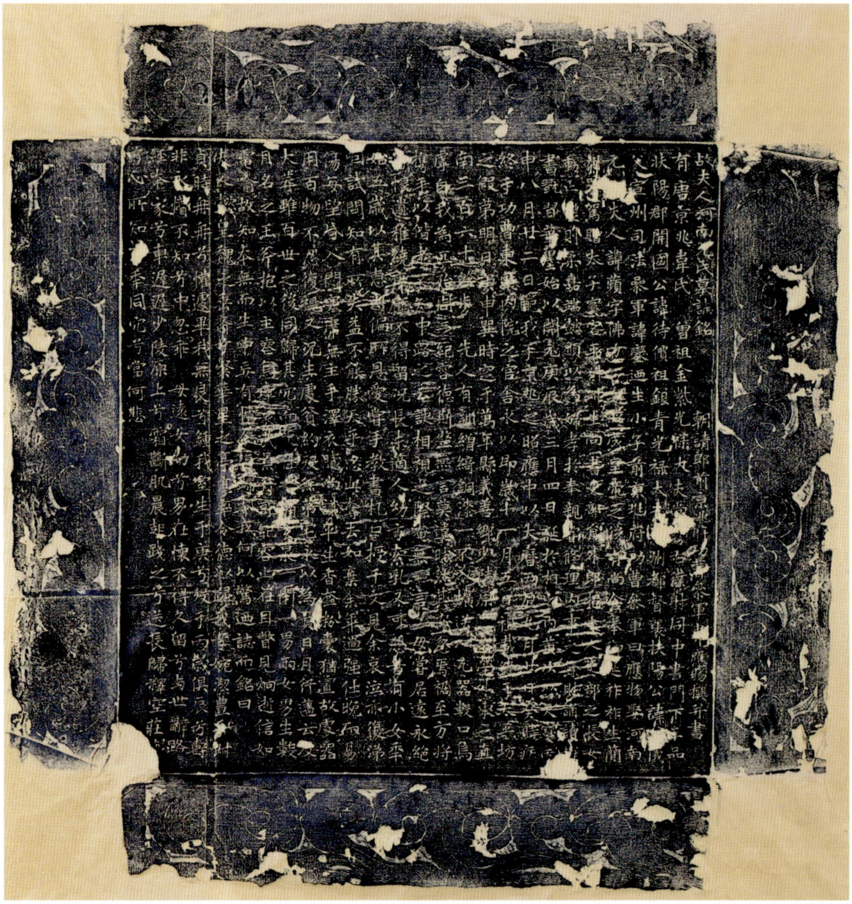

《元蘋墓志》拓本

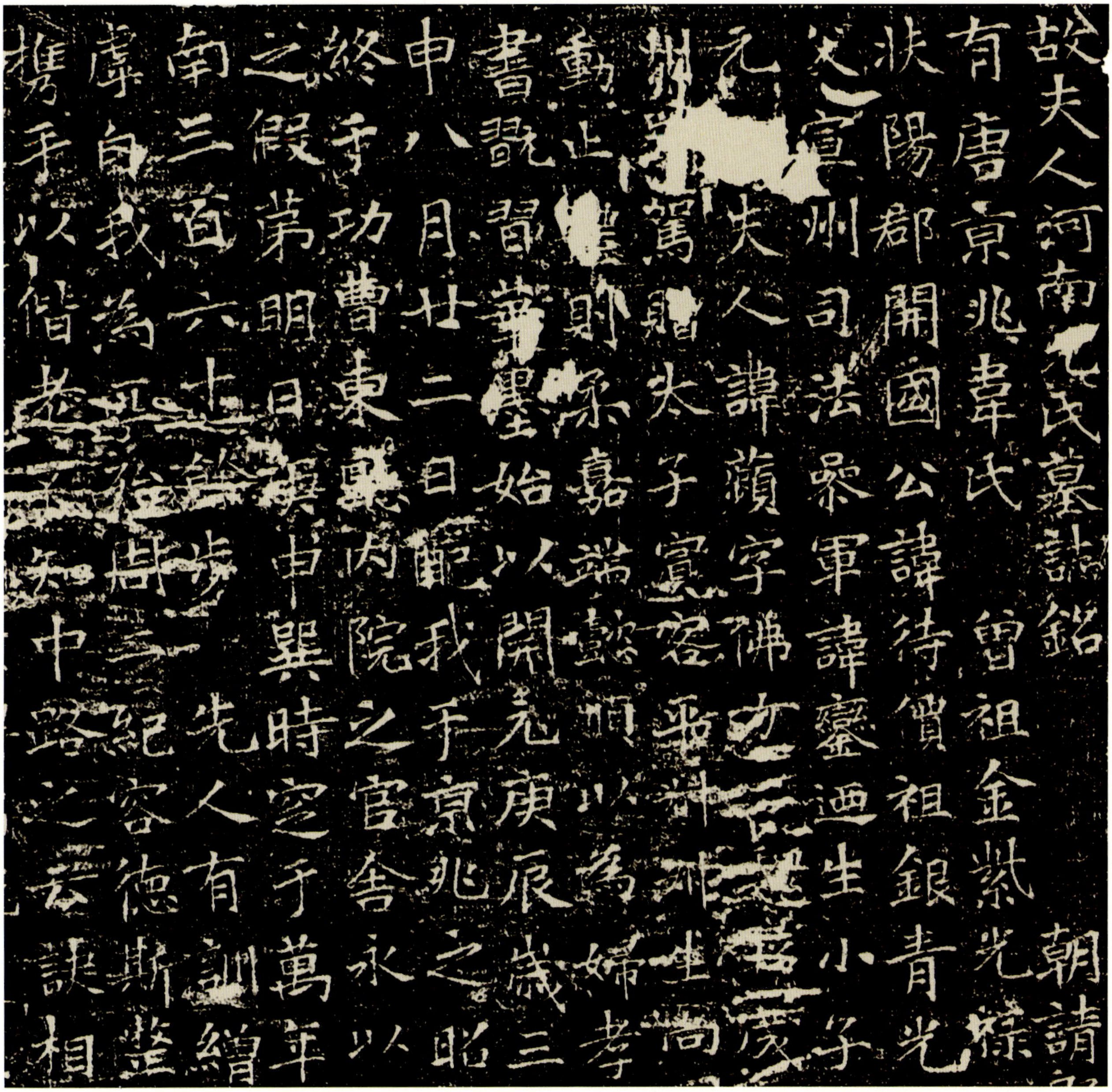

［唐］韦应物　元蘋墓志

唐大历十一年（776 年）韦应物为其亡妻元蘋亲自撰文并书丹。志石长 44 厘米，宽 43 厘米。韦应物在志文中用大段篇幅表达了对夫人深切的悼念之情，其中一些词句感人至深，如：“每望昏入门，寒席无主，手泽衣腻，尚识平生，香奁粉囊，犹置故处，器用百物，不忍复视。”

2007 年夏，四方韦应物家族墓志在西安市长安区韦曲东北塬上被盗掘出土，经多方努力，终得以入藏西安碑林。这批墓志包括韦应物墓志、韦应物夫人元蘋墓志、韦应物之子韦庆复墓志及韦庆复夫人裴棣墓志。其中，元蘋墓志系韦应物亲自撰文并书丹，这使得千余年后我们有幸得见这位诗坛巨擘的手迹。这批墓志的发现，为我们了解韦应物的生平，研究韦诗的艺术，以及中晚唐的科举制度、选官途径、世族婚姻和世族妇女的文学素养等提供了丰富的信息。

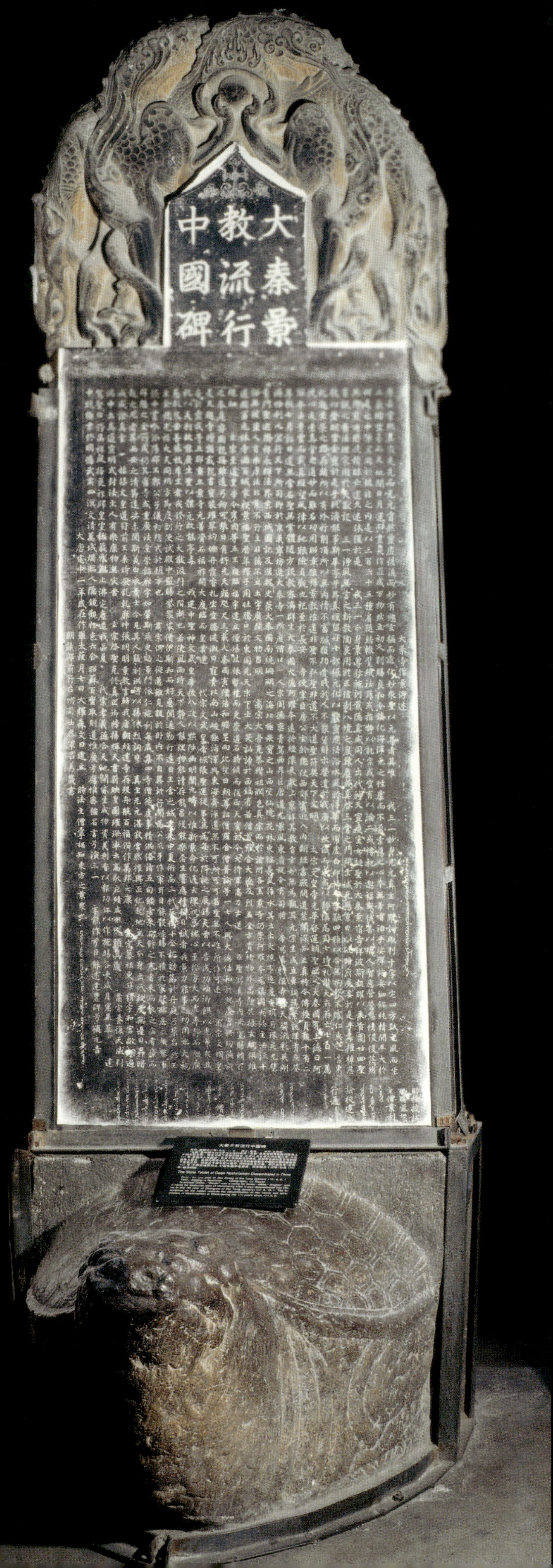

《大秦景教流行中国碑》拓本（局部）→

《大秦景教流行中国碑》讲读音频

［唐］吕秀岩　大秦景教流行中国碑

唐建中二年（781 年）立于唐长安城大秦寺中。波斯传教士景净撰文，吕秀岩书丹。碑身高 193 厘米，宽 96 厘米。明天启五年（1625 年）出土于西安城西崇仁寺（亦名金胜寺，唐时为大秦寺）附近。1907 年入藏西安碑林。国宝级文物。历史学家陈垣曾指出："要讲基督教入华史，还是要从唐代的《大秦景教流行中国碑》讲起。"

此碑碑额上方刻着一个由莲花台烘托的十字架。楷书碑文 32 行，满行 62 字，记载了唐贞观九年（635 年）到建中二年 140 余年中基督教在大唐传播的历史。碑文下方和碑的左右两侧还刻有古叙利亚文，间有汉文题名。此碑文字结体工整而不刻板，秀丽天然，似有初唐虞、褚之遗意。

粤若常然真寂先先而无无窅然靈
二氣暗空易而天地開日月運而晝
此是之中隟冥同於彼非之内是以
無得煎迫轉燒積昧六途久迷休復
有説之舊法理家國於天猷設三
舩以登明宮會靈於是乎既濟能事
礼趣生榮之路存鬚所以有外行削
洗心反素真常之道妙而難名功用
羅本占青雲而載真經望風律以馳
年秋七月詔曰道無常名聖無常體

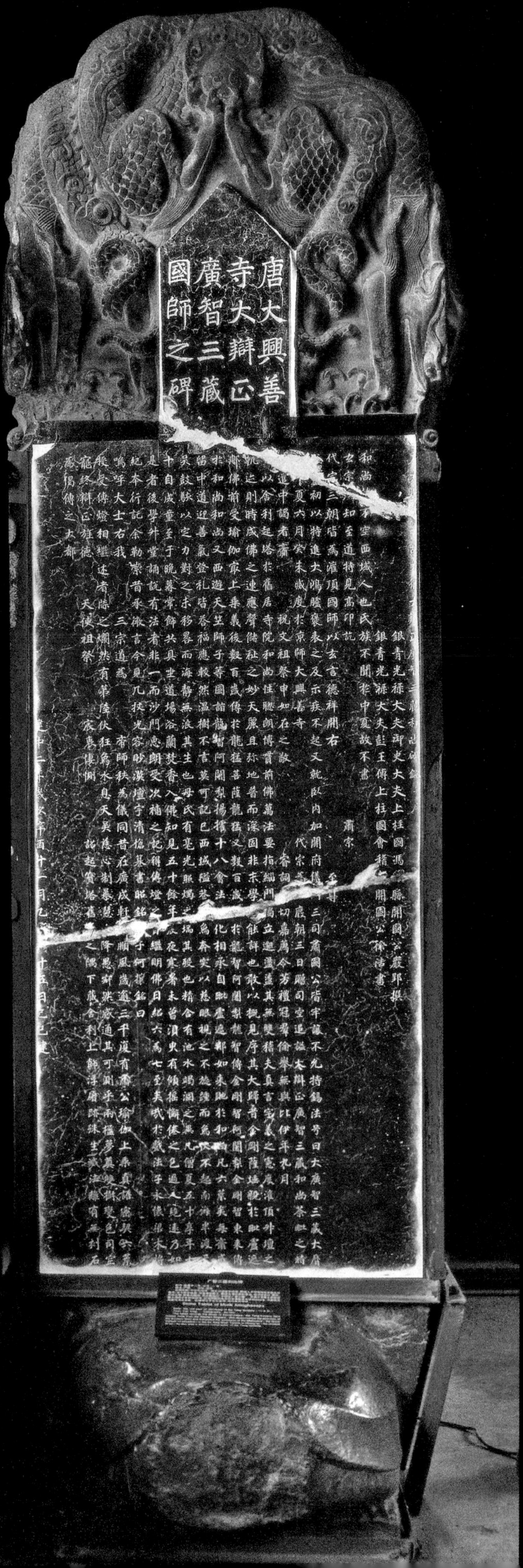

《不空和尚碑》

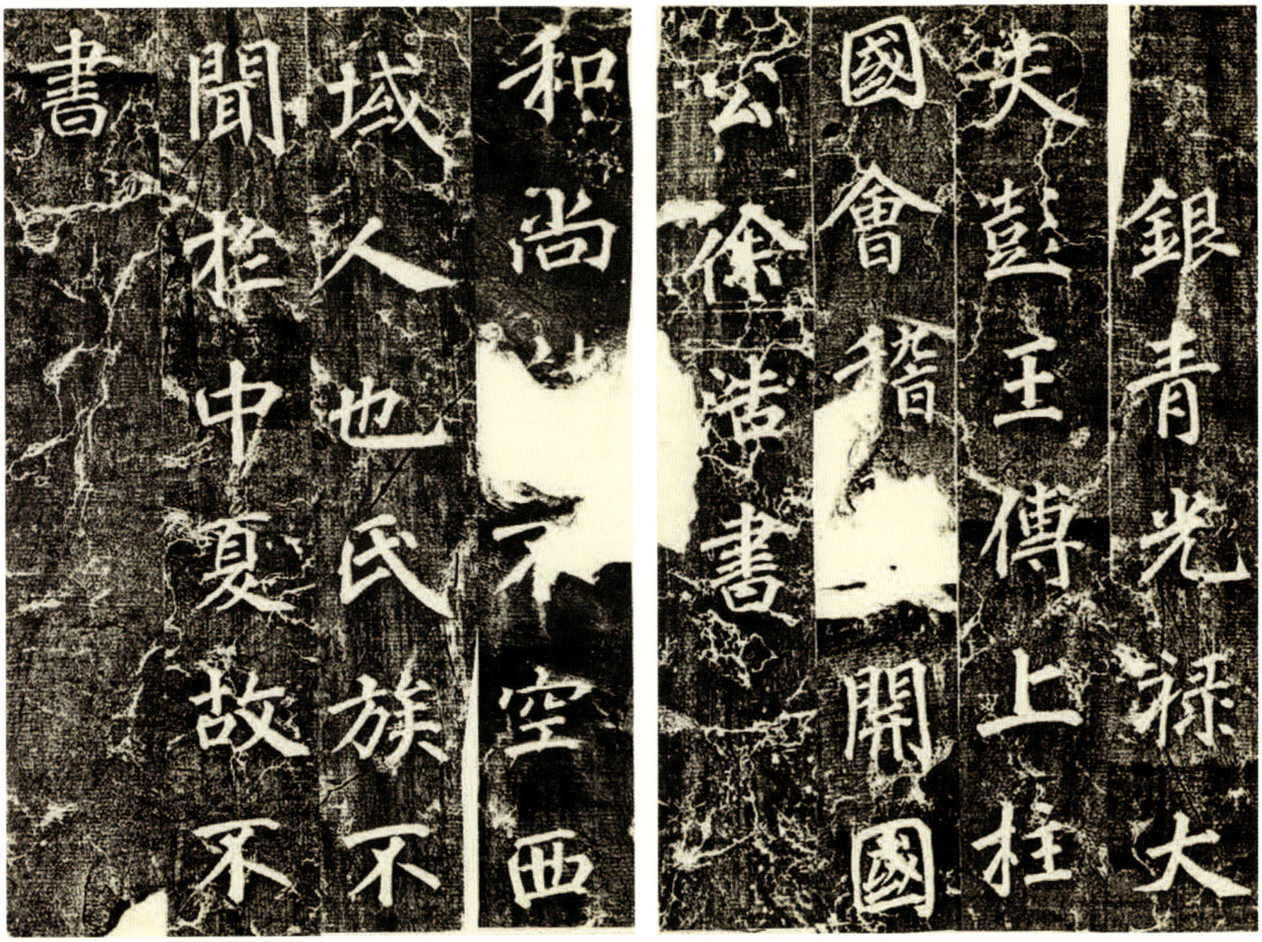

［唐］徐浩　不空和尚碑

唐建中二年（781 年）十一月刻立于长安大兴善寺。北宋元祐五年（1090 年）移至文庙，后入藏西安碑林。螭首龟趺，高 365 厘米，宽 99 厘米。严郢撰文，徐浩书丹。

不空和尚出身于北天竺婆罗门族，师从金刚智三藏，是唐代玄宗、肃宗、代宗三朝灌顶国师。唐大历九年（774 年）六月卒，享年 70 岁，追谥“大辩正广智三藏和尚”，起塔于密宗祖庭大兴善寺。碑文记述了佛教密宗的传承历史和不空和尚的业绩，对于研究佛教密宗的传播和中印文化交流史，都具有重要的价值。

徐浩（703—783），字季海，少举明经，肃宗时授中书舍人，四方诏令多由其书写。后进国子祭酒，历任工部侍郎、吏部侍郎、集贤殿学士，封会稽郡公。徐浩写此碑文时已近 80 岁，其书结法老劲，锋藏画心，力出字外。

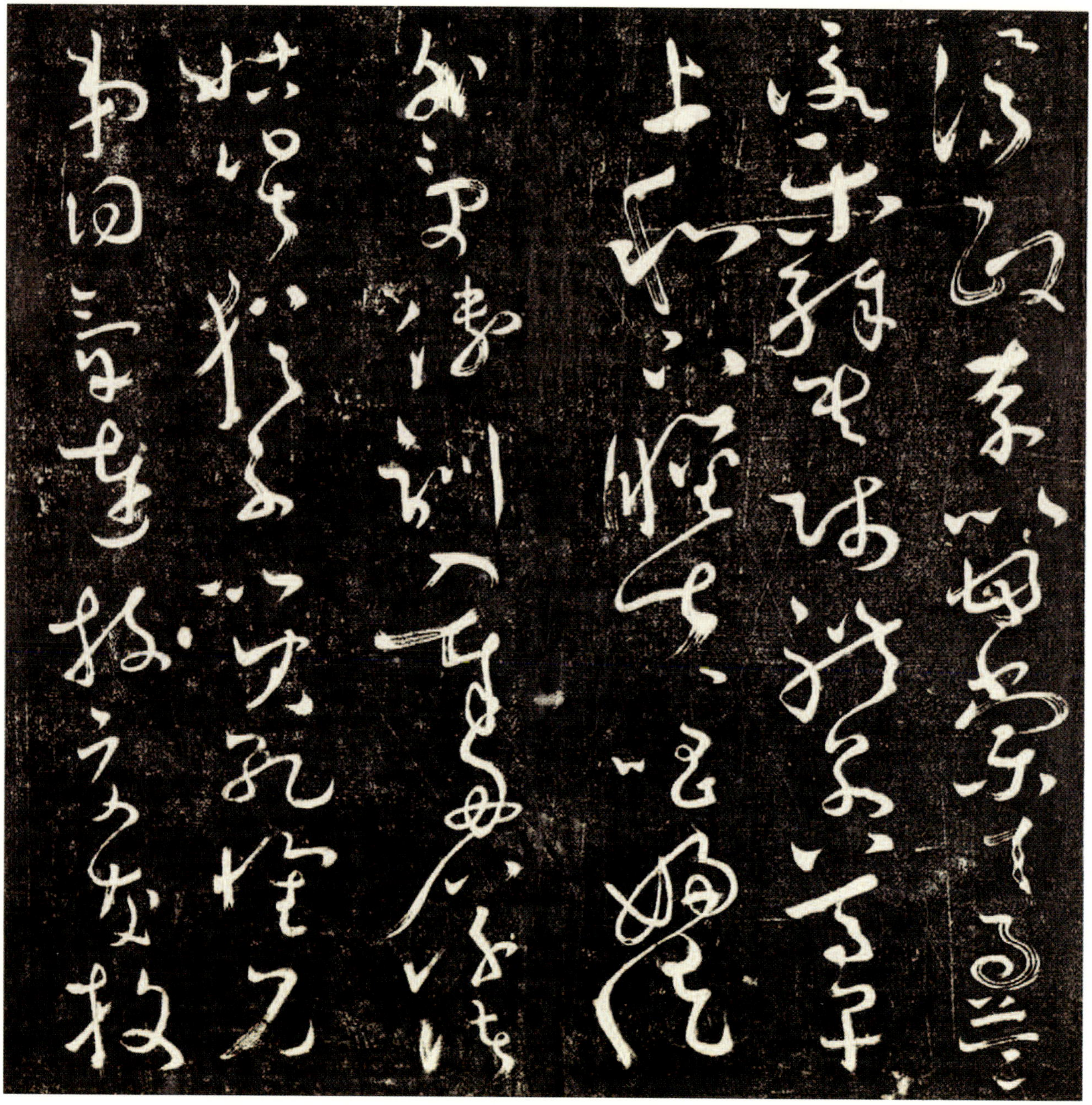

［唐］怀素　大草千字文

现存于西安碑林第三展室。明成化六年（1470 年）陕西布政使余子俊命人摹刻。刻帖为横长方形，共两块，各高 71 厘米，宽 135 厘米。正文凡 130 行。碑后有余子俊跋。这是怀素《大草千字文》现存最早的刻石。《千字文》是古代极为流行的一种蒙学课本，亦是历代书家经常书写的题材。

怀素（737—799），俗姓钱，字藏真，永州零陵（今湖南永州）人。自幼出家为僧，精研书法。其草书飞动自然，如骤雨旋风，千变万化，而又法度备具。与张旭齐名，合称“颠张狂素”。

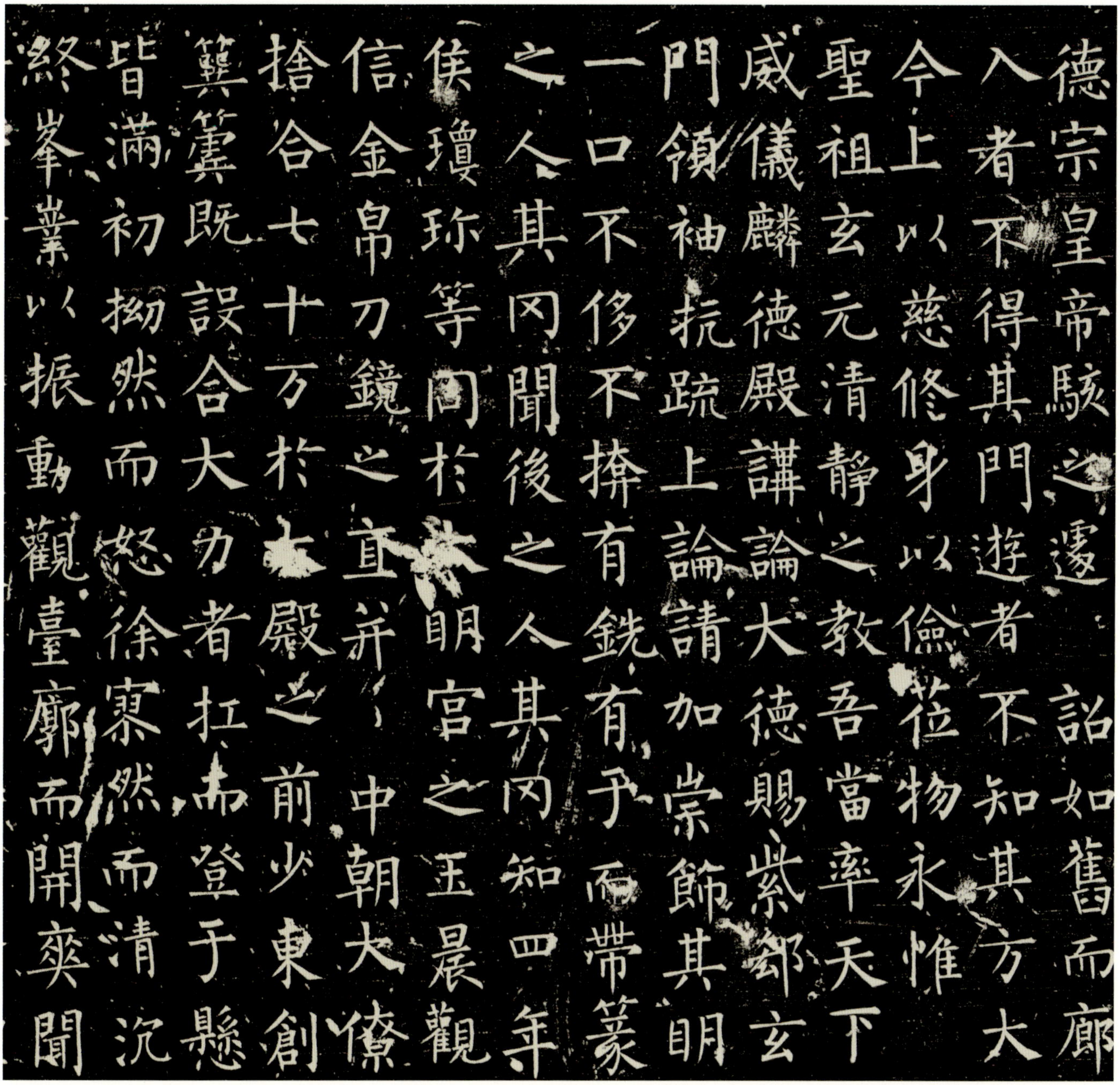

［唐］柳公权　回元观钟楼铭

唐开成元年（836 年）立，长 124 厘米。令狐楚撰文，柳公权书丹，邵建和刻字。时柳公权 59 岁。此碑 1986 年出土于西安市和平门外，遂入藏西安碑林。国宝级文物。

碑文共 41 行，761 字，叙述了回元观的历史沿革及观内景物设施，并颂扬了观内的铜钟。回元观位于长安城安仁坊，始建于唐至德元年（756 年），原为唐玄宗赏赐给安禄山的宅第，在今雁塔路西安建筑科技大学图书馆一带。

柳公权（778—865），字诚悬，唐京兆华原（今陕西铜川）人。初学王书，遍阅初唐欧、虞、褚、陆诸家，体势瘦劲挺拔，自成一家。当时公卿大臣家树碑立传，如果没能请动柳公权撰文书丹，人以为子孙不孝。外国人来长安朝贡，怀中往往专门揣有一个钱袋，上面写着“此购柳书”几个字（《旧唐书·柳公权传》）。其见重若此。

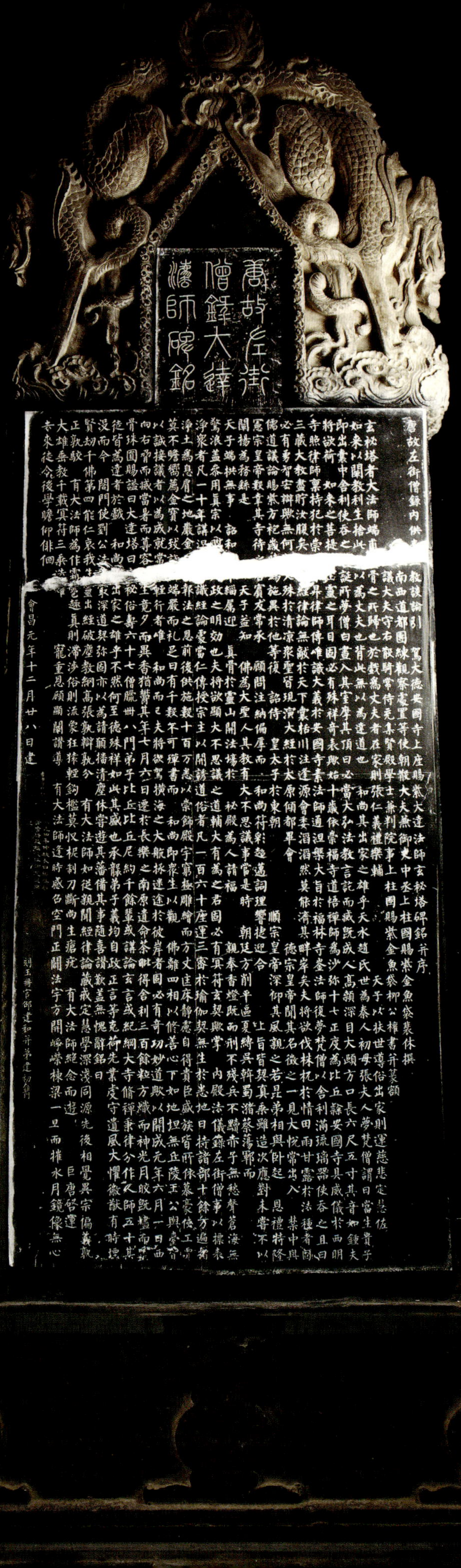

《玄秘塔碑》拓本（局部）→

《玄秘塔碑》讲读音频

［唐］柳公权　玄秘塔碑

唐会昌元年（841年）立。碑身高260厘米，宽126厘米。裴休撰文，柳公权书并篆额，刻玉册官邵建和及其弟邵建初镌刻。唐开成元年（836年）六月一日，长安城著名的安国寺长老（上座）大达法师圆寂，享年67岁。朝廷赐谥“大达”，为安葬其灵骨，特意建造了玄秘塔，并于6年后（会昌元年）刊立此碑以为纪念。大达法师生前驻锡的安国寺原是睿宗李旦登基前的旧宅，景云元年（710年）改为安国寺。唐代皇帝经常驾临该寺。此碑北宋时移藏西安碑林。现为国宝级文物。

柳体兼取欧体之方和颜体之圆，下笔斩钉截铁，干净利落，笔力遒劲峻拔，结构严谨清劲。

玄祕塔者大法師端甫
如来以闡教利生捨此
即出囊中舍利使吞之
將欲荷 如来之菩提
寺照律師稟持犯於崇
三藏大教盡貯汝腹矣
必有勇智宏辯歟無何

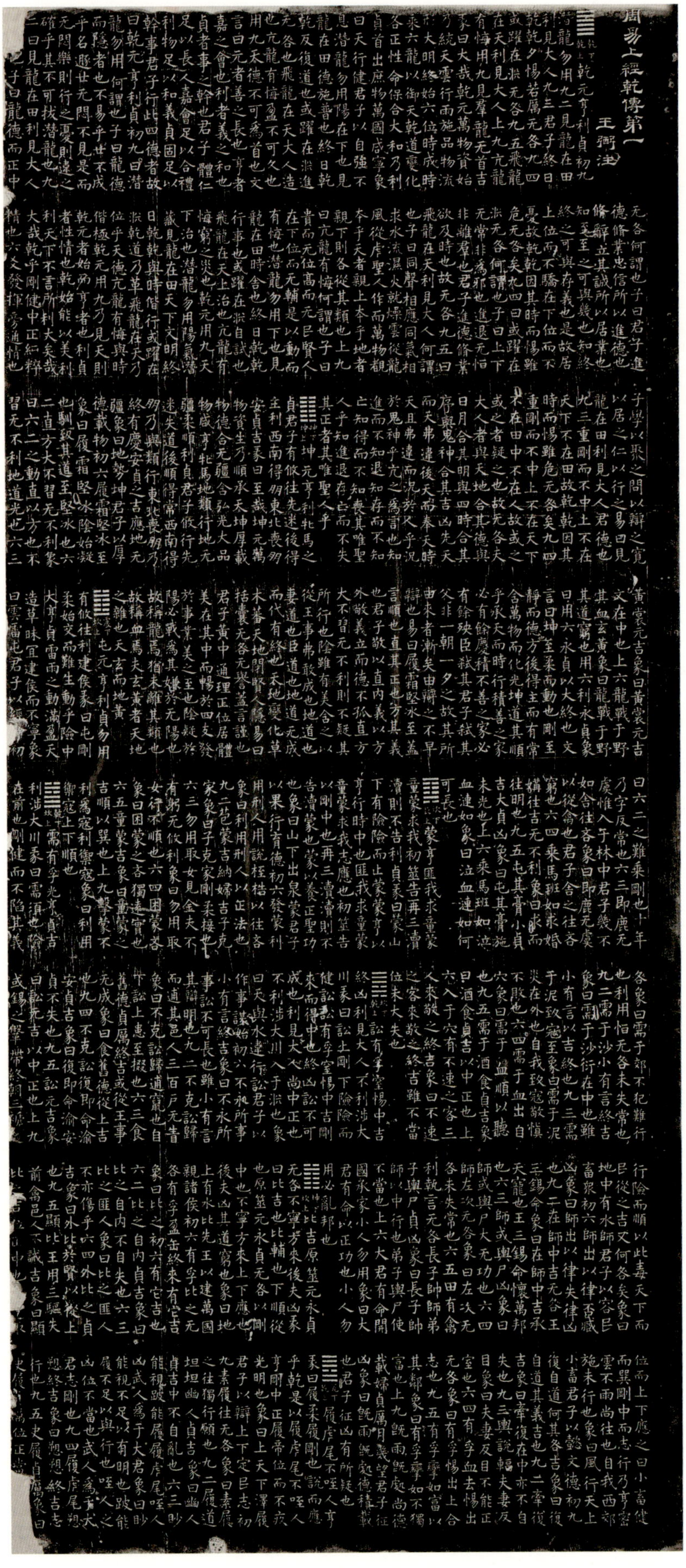

《开成石经》拓本（局部）

《开成石经》讲读音频

[唐] 开成石经

始刻于唐文宗大和七年（833 年），开成二年（837 年）完成。原立于唐长安城国子监内，1103 年移存西安碑林现址。石经由 114 块碑石组成，共计 65 万余字。国宝级文物。作为保存历代碑刻之特定场所的碑林，是在自唐末至北宋近两百年间三次迁置《开成石经》的过程中逐步形成的。可以说，没有《开成石经》便不会有今天的西安碑林，它是西安碑林时间上的起点、空间上的原点。

《开成石经》被称为“中国现存最大、最完整的石头图书”，包括《周易》《尚书》《诗经》《周礼》《仪礼》《礼记》《春秋左氏传》《春秋公羊传》《春秋穀梁传》《尔雅》《论语》《孝经》等 12 种儒家经书，另有《五经文字》《九经字样》附于《春秋左氏传》之末。它完整地保存了迄今所见一些儒经的最早版本，完善了儒家经典核心的内容框架，是经过几代人研究校勘核定的标准经典。其大规模的捶拓、本乎书籍开本的行款设计，在技术推广与图书设计理念上，都是雕版印刷流行前最后一次规模盛大、影响深远的总预演，堪称中华文化的原典。

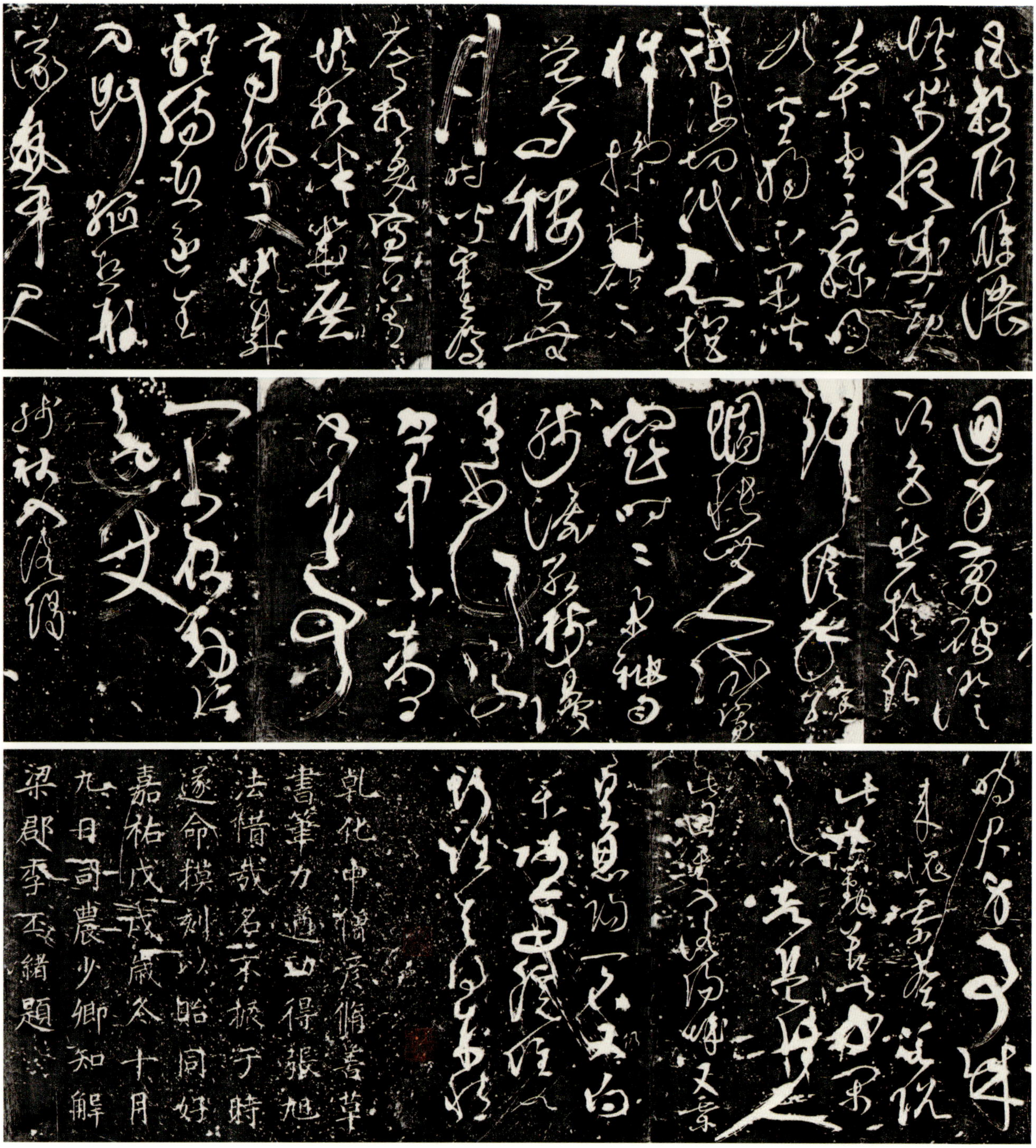

［后梁］彦修　寄边衣诗及入洛诗

五代后梁彦修书。帖石高 124 厘米，竖方形，两面分三截刻写。草书内容为《寄边衣诗》和《入洛诗》。彦修擅草书，其草书遒劲酣畅，狂态逼人，颇得张旭笔法。辽宁省博物馆藏《古诗四帖》为古代书法巨迹，多以为是唐代张旭的手迹，亦有学者认为不是张旭的作品，其作者可能就是彦修。

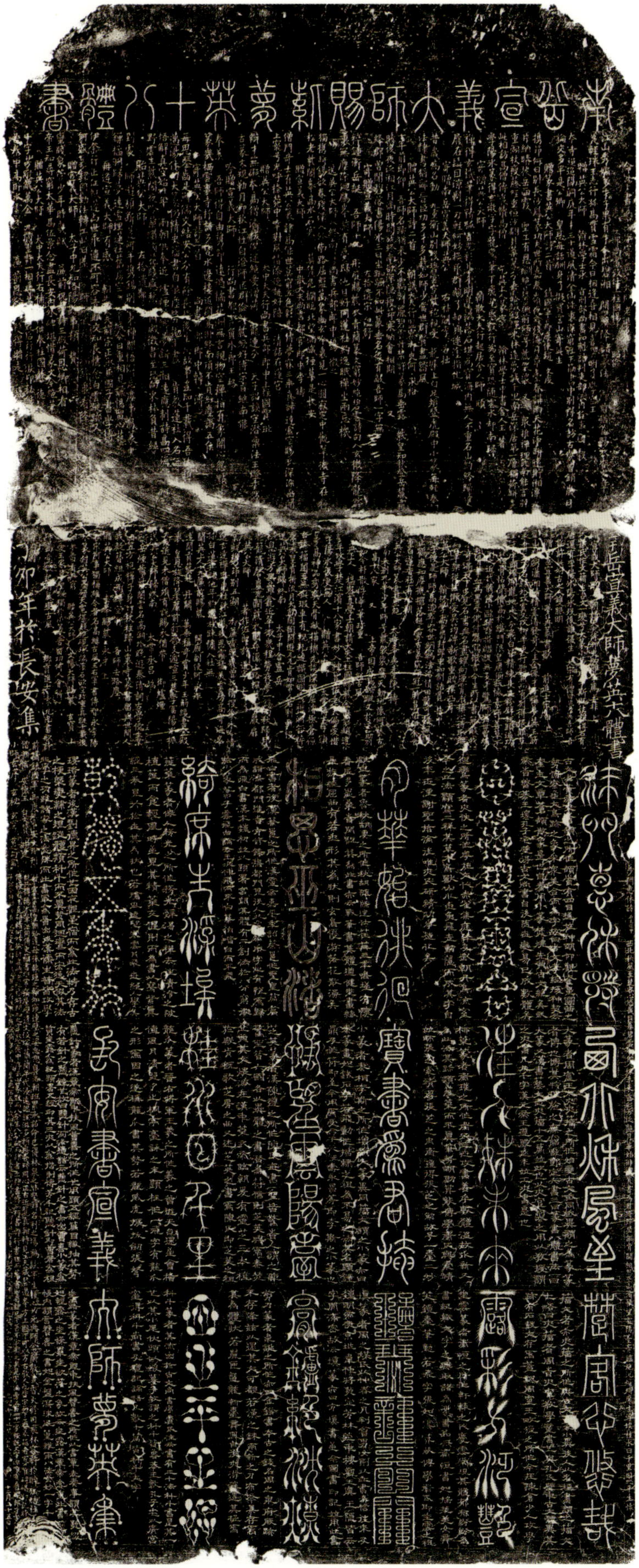

[北宋]梦英　十八体篆书碑

此碑刻立于北宋乾德五年（967 年），梦英书并题释，袁允中书赠诗。碑高 202 厘米，宽 80 厘米。碑身分为五栏：上面两栏刻 29 人所作 33 首赠梦英的诗作，背面刻楷书《佛遗教经》；下面三栏刻梦英以 18 种篆体书写的沙门惠休五言诗一首，背面刻梦英书《重书夫子庙堂记》。

梦英曾居终南山翠微寺和华山，北宋咸平二年（999 年）前后，他年近 70，方回归故里。其书法造诣颇深，尤擅小篆，志在“振古风，明籀篆”。《十八体篆书碑》每 5 字为一体，每体分别以隶书记书体之名及其由来。18 种篆体中除了大篆和小篆，还包括古文、籀文、回鸾篆、柳叶篆、垂云篆、雕虫篆、填篆、飞白书、芝英篆、剪刀篆、薤叶篆、龙爪篆、科斗篆、璎珞篆、悬针篆、垂露篆等，多是加入不同装饰效果的变形小篆。

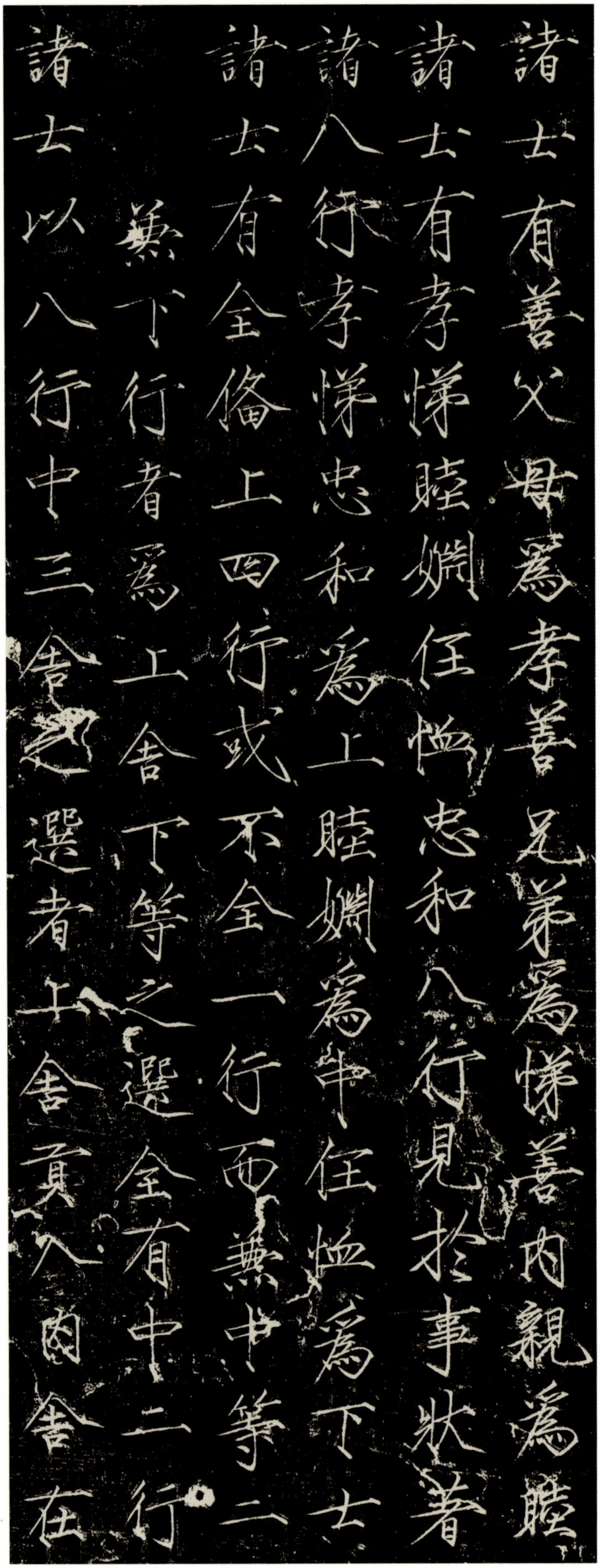

[北宋]宋徽宗　大观圣作碑

北宋大观二年（1108 年）立。原在陕西乾县，1962 年入藏西安碑林。螭首龟趺，高 378 厘米，宽 140 厘米。碑文 28 行，满行 71 字，宋徽宗赵佶撰并书，李时雍摹写。蔡京题额“大观圣作之碑”。碑文内容为大观元年（1107 年）颁布的诏书，记载了当时重德行、轻辞艺，设立八行取士科及三舍之制的科举新法。所谓八行，即孝、悌、睦、姻、任、恤、忠、和。此八行又按照上、中、下分为三舍，作为授官和官职升降的依据。

碑文书法为宋徽宗赵佶自创的瘦金体，铁画银钩。题额者蔡京（1047—1126），先后四次任宰相，任期达 17 年。工书法，博采众长，字势豪健，痛快沉着。本与苏轼、黄庭坚、米芾并称“宋四家”，后世以其“人品奸恶”，遂以蔡襄代之。

[明] 黄河图说碑

明嘉靖十四年（1535 年）由刘天和立，高 173 厘米，宽 98 厘米。碑首为半圆形，内刻长方形碑额，额题“黄河图说”四个篆文大字。碑身刻有明嘉靖十四年黄河流经河南、山东、安徽等地的地形图。

此碑左上角为《古今治河要略》，记录了《禹贡》中关于黄河的部分内容，以及贾让、欧阳修、任伯雨、欧阳玄、余阙、宋濂等人的治河策略和言论。右上角为《国朝黄河凡五入运》，记录了明初至嘉靖十四年黄河五次改道入运河及治理的情况。立此碑时，刘天和为河总，而就在前一年，黄河刚刚决口，冲入运河，导致“自济宁南至徐、沛数百里间，运河悉淤”。碑上所绘地形图，是刘天和主持浚河 34900 丈、筑堤 12400 丈、修闸 15 座、修顺水坝 8 座后黄河流域的情况。图中标注的地点、山峦、州府、河堤等与史料记载相合。图左下角刻《治河臆见》，为刘天和总结的黄河频繁泛滥、改道的六个原因，颇有见地。

此碑是现存最早的大型黄河水利图碑，为我们研究历代黄河治理情况留下了宝贵的资料。

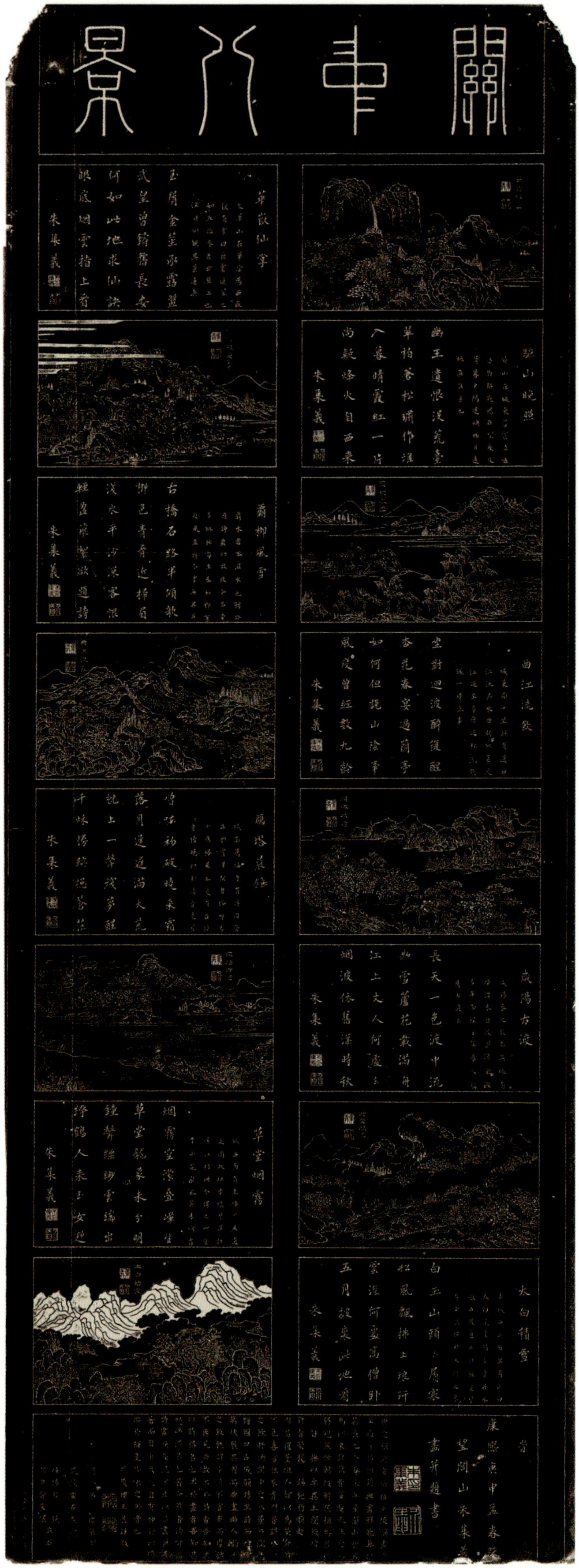

［清］朱集义　关中八景图

“关中八景”即位于陕西关中腹地的八处风景名胜。此碑刻于清康熙十九年（1680年），圆首方座，通高 283 厘米，宽 85 厘米。碑上分 18 栏，碑首上方横题篆书“关中八景”四字，书者冯绣；其下 16 栏皆为一文一图相配，分别为华岳仙掌、骊山晚照、灞柳风雪、曲江流饮、雁塔晨钟、咸阳古渡、草堂烟雾、太白积雪，是以长安为中心，按照自东向西的地理方位顺序安排的。朱集义绘图并题诗。最下栏为周王褒楷书题跋。

此碑由高君诏刻字，杨玉璞刻画，晋文煜、赵斌立石。书法秀劲，结体遒美，雕刻流畅，工整细致。诗画相融，洵为佳作。

［清］风颠和尚　达摩东渡图

清康熙二十八年（1689年）立，高176厘米，宽63厘米。风颠和尚绘。图中达摩为圆眼浓髯的胡僧形象，身披袈裟，袒露胸襟，赤脚踩在波涛滚滚的江心中的一枝芦苇上。右肩挑着一根禅杖，其上悬挂一只草履，左手持念珠，转首望着世人。画面左上角刻楷书“折苇江上客，西来东渡人。大意人人有，空走徒劳心”四句偈语，以及“直指人心”“己巳仲冬风颠写”题款，钤“风颠”印。

据传，达摩出家后师从印度禅宗第27代祖师般若多罗尊者修习大乘佛法，后成为印度禅宗第28代祖师。达摩所传佛法深受北魏孝明帝推崇，经达摩弟子慧可及其后数代禅师阐发，至唐代初年，六祖慧能创立了南宗，菩提达摩遂被尊为东土禅宗初祖。

[清] 关帝诗竹碑

这是一通画中藏字的碑，圆首方座，通高 159 厘米，宽 64 厘米，清康熙五十五年（1716 年）由杜陵二曲居士韩宰临摹并立。碑额篆书“关帝诗竹”，其下方刻环钮方印及印文“汉寿亭侯之印”。图中两株修竹错落有致的叶子构成一首五言绝句：“不谢东君意，丹青独立名。莫嫌孤叶淡，终久不凋零。”“汉寿亭侯之印”下为隶书跋文两段：“弘治三年十月十八日，扬州淘河获出。环钮共重二斤四两，其文曰‘汉寿亭侯之印’。”在这幅图中，竹节寓意节操，表达了关羽对刘备的忠义之情。

这通图碑中记载的古印是明弘治三年（1490 年）扬州淘河时所得，其实并非东汉之物，而应该是宋代关帝庙旧物，明人误以为三国关羽之印。

[清]马德昭　魁星点斗碑

此碑圆首方趺，通高 187 厘米。碑阳刻着一幅魁星图，其魁星形象用“克己复礼，正心修身”八个行书字组成，另配以右侧行书“斗”字和下方行书“鳌”字，表现出魁星以执笔托砚的舞蹈姿态独立于“鳌”首之上，寓意“魁星点斗，独占鳌头”，形象生动，拼字巧妙。这象征着魁星圈点题名金榜的士子姓名，以祈愿学子应试获中，榜上有名。

作者“西蜀马德昭”，四川阆中人，18 岁成为绿营兵，后在镇压太平天国起义中不断升迁。清同治元年（1862 年），陕西关中爆发“回变”，马德昭三守西安，成为当时西安人心目中的保护神。西安碑林刻有其书作 8 幅，其中包括《魁星点斗图》在内的 7 幅作品应书于 1864—1870 年，即马德昭守卫西安及驻守潼关期间。

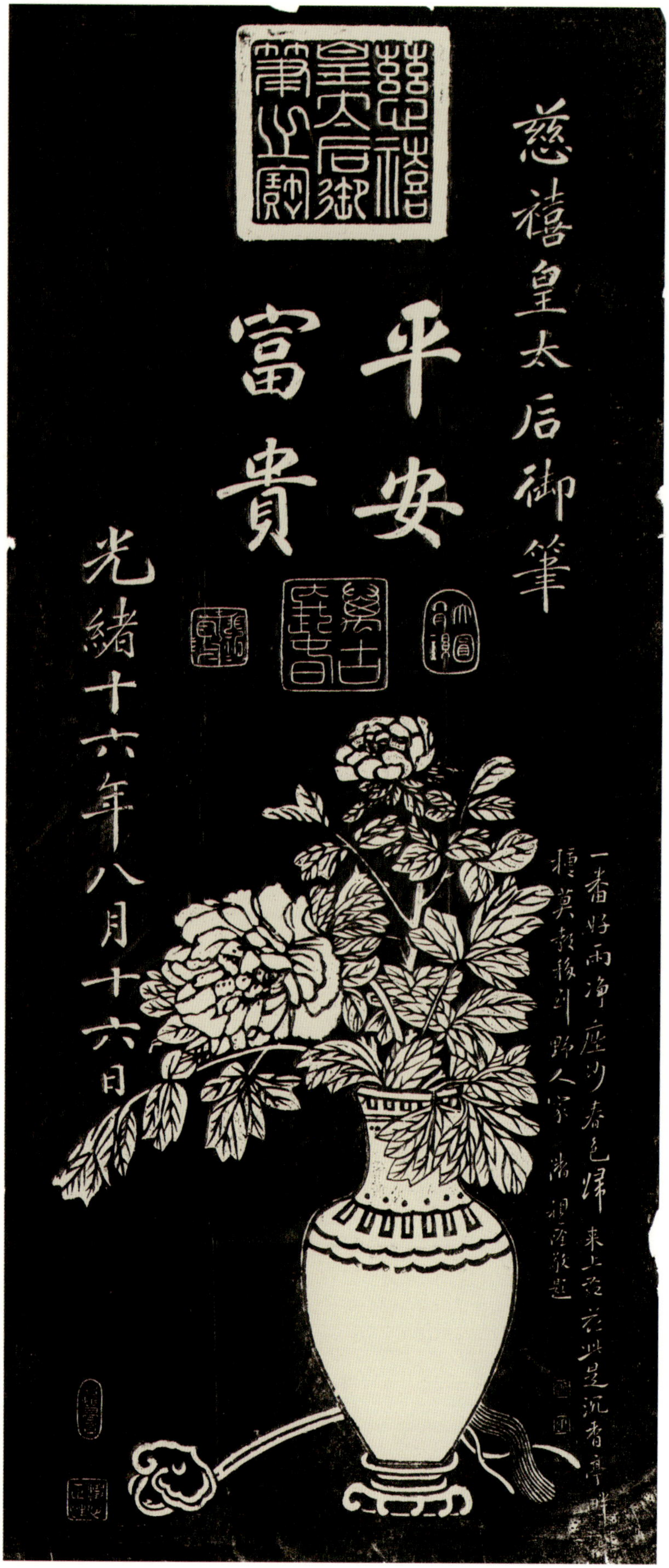

［清］慈禧　平安富贵图

高 107 厘米，宽 44 厘米。中部阴刻瓶插折枝牡丹。折枝牡丹寓意富贵，花瓶寓意平安，瓶下横置一如意。瓶花上部楷书“平安富贵”。右下侧为两行行书诗跋：“一番好雨净尘沙，春色归来上苑花。此是沉香亭畔种，莫教移到野人家。”落款“潘祖荫敬题”及钤印两枚。

图上篆书的钤印“慈禧皇太后御笔之宝”，指明了此图创作者的身份。这种清供图的形式流行于明清时期。清供是指旧俗节日、祭祀时所用香、花、蔬果等供品。落款是“光绪十六年八月十六日”，当时节气已在秋分前后，而牡丹花应在春季谷雨前后开放，所以慈禧太后绘牡丹图并非应景写实，只是以牡丹寓意吉祥。

下篇

古刻萃珍

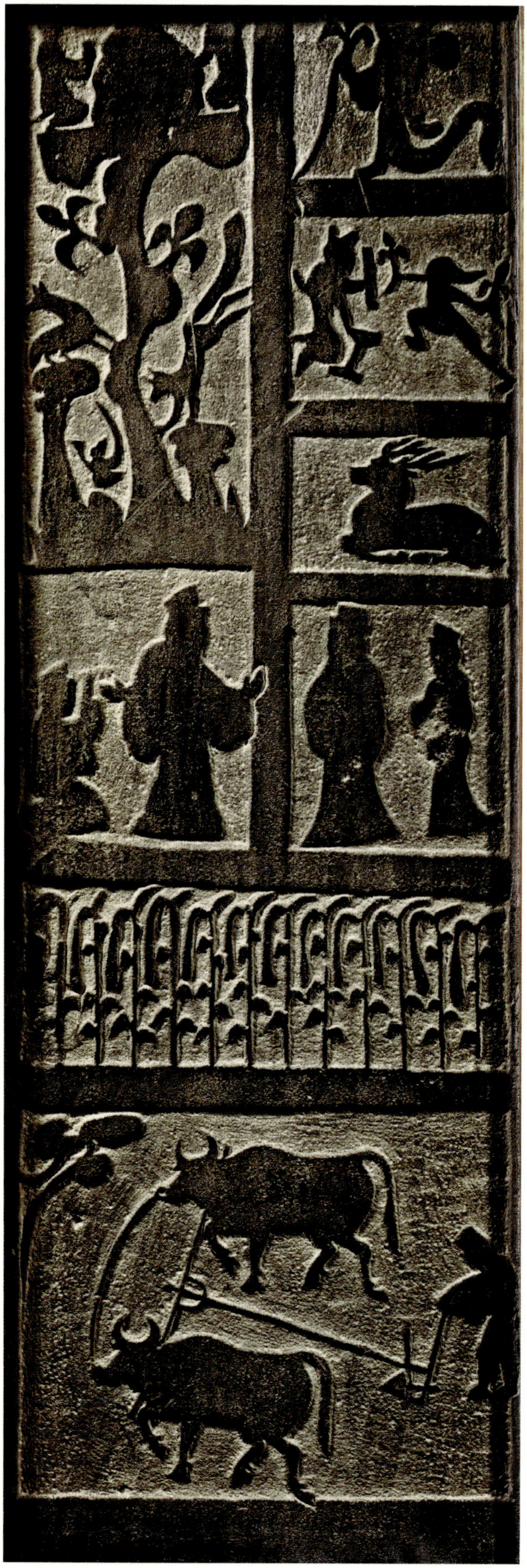

米脂官庄牛耕图画像石

[东汉] 米脂官庄牛耕图画像石

肇始于西汉、隆兴于东汉的画像石艺术不追求对自然的一味模仿，不拘泥于细枝末节的刻画，强调神韵，突出整体的形似和动势，或繁密，或疏简，或古朴，或流动，是中华民族形成以来第一次对艺术在写意与写实上自由纯熟的驾驭。其内容既有西王母、仙人等“精骛八极、心游万仞”的想象之物，又有对牛耕、出行等日常生活的真实刻画，不但使美术史家倾倒，其所反映的汉代社会政治、经济、思想、文化等各方面的内容，亦受到考古学家、历史学家、民俗学家的关注。

此画像石 1971 年出土于陕西榆林米脂官庄四号汉墓，为一墓室门柱石，以减地平面阳刻法雕刻而成，纵长 139 厘米，横长 61 厘米。其中的牛耕图尤为著名，生动形象地反映了汉代牛耕技术的发展和应用情况。

［东汉］郭稚文墓题记画像石

陕北东汉画像石是东汉时陕北修建墓葬使用的表面刻有画像的建筑石材。从永元元年（89 年）窦宪大破北匈奴，恢复东汉对陕北的有效管辖，到永初二年（108 年）羌人大扰陕北，东汉势力在陕北摇摇欲坠之间，为其繁荣期；从永建四年（129 年）汉顺帝接受虞诩的建议，重新经略陕北，到永和五年（140 年）羌人再入上郡、西河，两郡郡治被迫内迁，为其余续期。

《郭稚文墓题记画像石》共两块，高 150 厘米。1957 年征集于陕西榆林绥德县五里店，分别为墓门的左、右立柱石。此画像石为减地平面阳刻，分上下两层。上层又竖分为两栏，内栏为阳文题记。左立柱上刻“圜阳西乡榆里郭稚文万岁室宅”，右立柱上刻“永元十五年三月十九日造作居”，篆书，为确定墓主的姓名、身份和下葬时间提供了依据。

[东汉] 石狮

1959 年发现于陕西省咸阳市西郊沈家村。出土时，双狮倒卧于距地表 2.2 米的土坑中，相距仅 0.4 米。通长 202~214 厘米，高 105~109 厘米。双狮为青石质，做昂首疾走状，躯干矫健挺拔，四肢强劲有力，身后一条壮硕的长尾拉伸了从头部至脊背的优美曲线，也增添了双狮行进的气势。它们因常年埋于地下，得以免遭风雨侵蚀，所以几乎完好无损，并散发出青石所特有的温润光泽。它们原本应该是置于坟墓前的，承担着镇墓驱邪的使命，同时又是墓主高贵身份的象征。

[夏] 大夏石马

大夏（407—431）是十六国时期匈奴人赫连勃勃建立的国家。赫连勃勃于 417 年攻占长安，命其长子赫连璝为大将军，镇守长安。这匹石马高 200 厘米，长 225 厘米，原立于汉长安城遗址内西查家寨赫连璝墓旁，1954 年移存西安碑林。国宝级文物。

这是中国雕塑史上赫赫有名的石雕作品。马脖子上的鬃毛被雕刻成波浪状，顺滑地披向右边。腹下采用透雕雕凿，腿部则采用高浮雕的形式表现。两前腿与两后腿之间为了保持稳固，留有腿屏。石马后腿间的屏壁上浮雕有山石状图案；前腿间的屏壁上刻有隶书 9 行，文曰"大夏真兴六年，岁在甲子，夏五月辛酉□□三日，□□□将军□□□造兹石马□□□彰副吕□树"。有人认为大夏石马是大夏占据长安城后在高官显贵衙署或宅邸前所立，目的在于纪功、扬威。该石马雄浑深沉，体魄巨大，是唐代大型地面石雕普遍兴起前屈指可数的珍贵遗存之一。

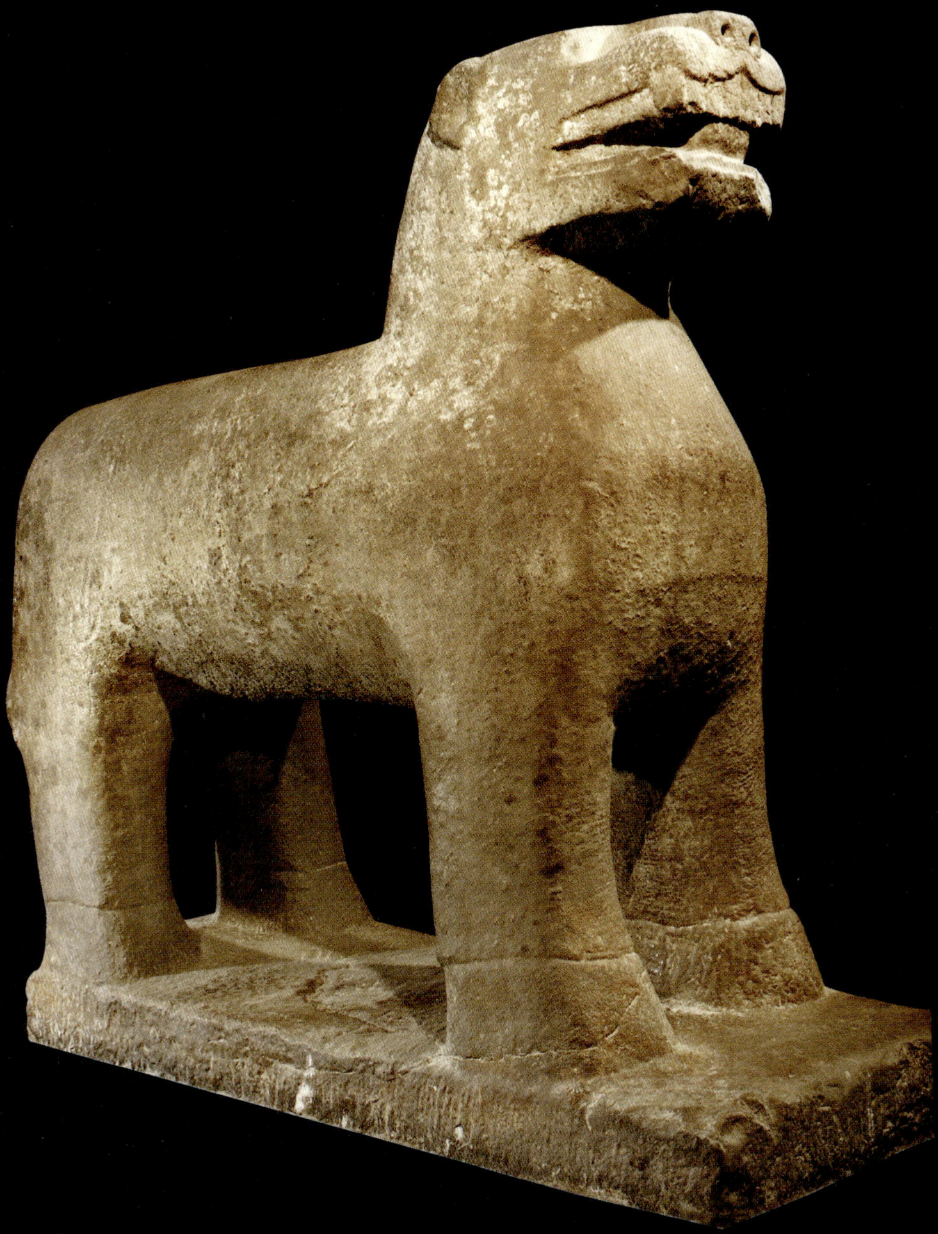

［西魏］永陵石天禄

西魏开国皇帝元宝炬（507—551）的永陵，位于今陕西富平县东留古乡何家村东北。陵园地面建筑无存，仅有一对石天禄原安放于冢南 200 米处，东西相对。此为东侧天禄，1959 年迁入西安碑林石刻艺术室。

此天禄高 190 厘米，长 180 厘米，独角（已失），长齿，牛身，马蹄，身躯上阴刻有翅膀。它是整个北朝时期留存下来的为数不多的帝王陵墓石雕代表作之一，造型质朴厚重，与同时期雕刻繁复精细的南朝陵墓石刻差别很大。天禄又称“天鹿”，是神话传说中的瑞兽。古人以为它显现于“王者道备”或“王者明惠及下”时，将其置于墓前，既有祈护祠墓、冥宅永安之意，亦用作升仙之坐骑。

［隋］李静训石棺

1957 年出土于西安城西玉祥门外隋代李静训墓。该墓葬规模不大，但形制比较特殊，墓中出土文物的数量和精美程度都令人叹为观止。石棺长 192 厘米，宽 89 厘米，高 122 厘米，外形仿照隋代宫殿，为歇山顶、三开间、殿堂式。歇山式棺盖正中置火珠，两端有上翘的鸱吻，屋檐覆有饰以莲花纹的瓦当。石棺正面闭合的门扉两侧各雕一侍女和一扇直棂窗。石棺的右侧壁雕刻有石门和一对男侍卫。“宫殿”的立柱及其上的斗拱等建筑构件都被一一呈现出来。此外，制作者还在房形石棺的内壁绘上侍女、树木、花卉、禽鸟等图案，为冰冷的地下世界增添了些许生机。

李静训，字小孩，自幼深受外祖母、北周皇太后杨丽华喜爱，一直长在宫中。隋大业四年（608 年），李静训殁，年方 9 岁。杨丽华十分痛惜，因厚葬之。

[唐] 永康陵蹲狮

此为唐代最早的帝陵石雕之一，雕刻于武德元年（618 年）。永康陵为唐高祖李渊祖父李虎之墓，位于陕西省三原县。陵墓南面长达两百多米的神道两侧，原本列置有成对的石柱、石天禄、石马、石人等，蹲狮则安放在最靠近陵墓的位置。此蹲狮 1959 年入藏西安碑林。如今，脱离了队列的石狮静静地蹲坐在西安碑林石刻艺术室里，看上去仍让人觉得气势逼人。蹲狮通高 205 厘米，昂头挺胸，呈等腰三角形式的蹲坐姿态稳如泰山，巨口微张，令人如闻雄狮怒吼；胸部浑厚而结实，挺直的前肢呈现出紧绷的肌肉线条，彰显出护陵石狮的威严与力量。

李虎（?—551），西魏“八柱国”之一，官至太尉，封爵唐国公。其孙李渊建立唐朝后，追谥他为唐太祖。

[唐] 李寿石墓门、石椁及龟形墓志

贞观五年十二月（632 年 1 月）葬。一组三件，国宝级文物。1973 年农民灌溉田地时发现于陕西省三原县献陵附近李寿墓，旋移藏西安碑林。李寿（577—630），唐高祖李渊的堂弟。

李寿石墓门高 204 厘米，宽 180 厘米，由门扉、门楣、门框、门墩石等组成，造型独特。上面雕饰有朱雀、孔雀、流云图、蔓草纹等。石椁由 28 块青石组成，从外观上看，如一座华美的歇山顶房屋，内外环雕文臣、武将、仙人、乐人、舞伎、男女侍从等形象。内部四周线刻有乐伎、舞伎歌舞的画面等，真实生动地反映了初唐时期宫廷贵族生活的豪奢和乐舞的盛况。石椁顶端还雕刻有星相图。这些图案为我们研究唐代的服饰、舞蹈、音乐及社会生活提供了珍贵的资料。龟形墓志刊刻精美，是迄今所见唯一的一件唐代龟形墓志。西安碑林现陈列的是复制品，原墓志藏在库房中。

[唐] 献陵石犀

献陵为大唐开国皇帝李渊的陵园，位于陕西省三原县。陵园四门外原本各放置石狮一对，南门外另置石犀一对，是唐代帝陵中唯一使用石犀的陵园。其中的一件石犀和一件石狮，分别于 1960 年和 1959 年入藏西安碑林。此石犀用富平青石雕刻而成，通长 340 厘米，身高 209 厘米，重约 10 吨。国宝级文物。

这件石犀是对唐初中南半岛进献的犀牛的模拟。贞观九年（635 年），唐高祖李渊驾崩，他喜爱的犀牛被模拟雕造，长久地立于他的陵墓之前。在石犀右前足的底板上，刻有隶书铭文“高祖怀远之德”。此石犀虽然壮硕高大，比例却十分准确，反映了当时雕刻家对这种异兽皮糙肉厚、壮硕雄健的整体精准把握。

特勤骠

“特勤”是突厥的官名，此马可能是突厥族某特勤所赠，619 年李世民在山西与宋金刚作战时所乘。

青骓

此马苍白杂色，为李世民在虎牢关平定窦建德时所乘。石刻青骓为奔驰状，马身中了五箭，均是在冲锋时被迎面射中，而且箭多射在马身后部，由此可见其奔跑速度之快。

[唐] 昭陵六骏

大名鼎鼎的昭陵六骏浮雕石屏是古代石雕艺术珍品，刻成于唐贞观十年（636 年）。其中四件现存于西安碑林，为国宝级文物；另外两骏飒露紫和拳毛騧 1914 年被贩卖到美国，现存于宾夕法尼亚大学博物馆。

昭陵六骏石雕原本分两组列置于昭陵北部的祭坛左右。每块石屏高 171 厘米，宽 205 厘米，厚 30 厘米。祭坛

什伐赤

“什伐”是波斯语“马”的音译。这是一匹来自波斯的红马，也是李世民在洛阳、虎牢关与王世充、窦建德作战时的坐骑。石刻什伐赤凌空飞奔，身中五箭。在这一重大战役中，李世民出生入死，伤亡三匹战马，基本完成了统一大业。

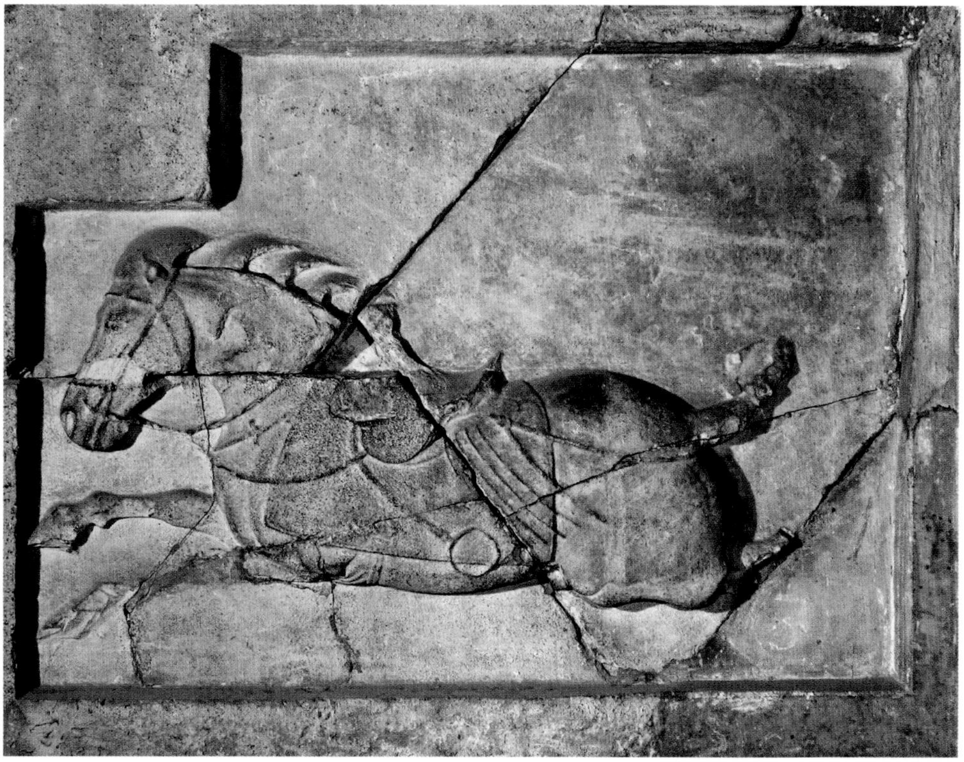

白蹄乌

此马为纯黑色，四蹄俱白，为李世民平定薛仁杲时所乘。618 年，割据兰州、天水一带的薛举、薛仁杲父子与唐军争夺关中。激战中，李世民催动白蹄乌身先士卒，穷追猛打，一昼夜奔驰 200 余里，最终迫使薛仁杲投降。

东面列置有特勤骠、青骓、什伐赤，西面有飒露紫、拳毛䯄、白蹄乌。当时主持营建昭陵的是工部尚书、画家阎立德，他与其弟著名画家阎立本或参与了六骏图样的设计审定。唐太宗李世民亲自为每匹骏马撰写了赞语，最后由书法大家欧阳询将御题的赞语书丹于石屏之上。六骏中三匹驻足站立，三匹纵横驰骋。站立者或表情凝重，或身中数箭仍无畏突进；奔驰者疾驰如飞，似有风驰电掣的速度。六匹骏马瞬间的动作和神态都被准确地定格在石屏上，活灵活现，呼之欲出。

拳毛䯄（复制品）

飒露紫

[北魏] 和平二年释迦造像

此造像又称《和平二年造像》，高 65.5 厘米，1974 年出土于西安市王家巷，北魏造像名品。旧均认定此尊造像纪年为北魏永平二年（509 年）。然从其艺术特点、题材及残留的铭文等诸方面考察，其纪年应定为北魏和平二年（461 年）。

释迦造像的正面舟形背光上雕有一佛二菩萨。背面浅浮雕有精美的佛本生和佛本行故事组画，且俱有榜题，其顺序为自下而上，自右而左。画面分为四层，布局井然有序。佛像背面分为上下两部分，上半部分为礼菩萨图，下半部分所绘为释迦牟尼出家前的事迹。

正面

背面

[北魏] 皇兴造像

北魏皇兴五年（471 年）刻，高约 87 厘米。1953 年入藏西安碑林。造像正面圆雕的交脚弥勒，着通肩袈裟，面相丰腴。背光呈尖拱舟形。背面以减地平雕手法刻画 7 层 15 幅佛祖降生、九龙灌顶、树下思维等佛本生故事，内容出自《弥勒下生经》等，与彼时盛行的弥勒崇拜有关。下部残存大段铭文，意态奇逸，精神飞动。因其背光形状优美，内容丰富，书法率真，其拓本尝用于《中国美术全集》等大型重要文献的封面，是半个世纪以来新出造像之大名誉品。

［北魏］田良宽造像碑

碑首和碑座都已佚失。碑身高 157 厘米，宽 44 厘米，厚 32 厘米。造像记中没有明确的纪年，从造像风格推测，应雕刻于北魏正始至延昌年间（504—515）。此碑四面造像，佛像和道像各占两面。造像碑的捐助者既有佛教的信徒，也有道教的崇信者，展现出五六世纪关中地区西来佛教与本土道教相激相生的社会生活图卷。

工匠们在坚硬的石头上，以不同的雕刻技法雕刻出主次分明、富有空间感的内容。例如，用近乎圆雕的立体模式来表现佛像或道像，用中国传统的平面和线性模式描绘供养人，以阴线刻表现文字内容。题记和发愿文出自乡野工匠之手，字体粗率拙朴，肆意洒脱。

正面

背面

[北魏] 茹氏一百人造像碑

此碑又名《茹小策合邑一百人造像碑》。北魏正光三年（522 年）造，四面造像，高 153 厘米，宽 77 厘米，厚 20 厘米。

碑阳上部为圆形龛。龛内造像头戴道冠，着双领交襟袍，右手执扇贴胸，左手施与愿印，神态肃穆。碑阴上部开盝顶龛，下挂帷帐，龛内雕有菩萨坐于大象背上。造像碑左侧刻有发愿文“夫大道洪远，非常情所徵，真觉体形，非□□□□，老子诞生于西境，如（来）应现于室”等语。因而一般学者认为这是一块佛道并存的造像碑，反映了北朝时期关中地区佛、道二教既相互斗争又兼容并存的社会现状。但也有学者认为“主尊像非道非佛，而是祆神”，此造像碑是邑人为礼拜火祆建祠而刻。

五佛之一

［北周］五佛

2004 年，西安市灞桥区湾子村砖厂取土时发现北周时期的五尊大佛和四件覆莲狮子佛座。它们埋藏于靠近土崖边的一处窖穴中。五佛中四尊呈立姿埋于土中，另一尊头向下倒于穴底。这五尊佛像和四件佛座安放有序，保存完好，推测应该是因为某种特殊原因而被刻意埋藏的。其中一方佛座上刻有“张子闻睹佛法，敬造释迦玉像”的发愿文，并有北周大象二年（580 年）的纪年，为确定这批造像的年代提供了明确的依据。

五尊立佛连座通高均在 2 米以上，应为当时皇家寺院所供奉。佛像一改北魏时秀骨清像的面貌，而为丰颊方颐、体态壮硕、螺髻低平、腹部微鼓的造型，右手施无畏印，左手牵握衣角，是北周长安佛像的典型样式。从造像样式上看，五尊立佛可分为两类：一类为内着右衽僧却崎、外着双领下垂式袈裟的佛像，这是对北魏孝文帝中后期开始流行的汉化式秀骨清像佛像的延续；另一类佛像身着通肩式大衣，袈裟轻薄贴体，衣纹简练，凸现出佛像健硕躯体的轮廓，具有“曹衣出水”式佛像的风范。

目前发现的北周大型立佛数量很少，有明确纪年的更少，因而这五尊立佛弥足珍贵。

五佛之二

五佛之三

五佛之四

五佛之五

[北周] 观音菩萨立像

2004 年出土于西安市未央区岗家寨。高 266 厘米。菩萨面相丰润，神情平和，头戴宝冠，身饰璎珞，脚踏莲花台。此立像上承北魏秀骨清像的余韵，下开隋唐丰满圆润的先河。

北周造像已经完全摆脱了魏晋时期肢体僵硬的清瘦风格，逐渐转变为面丰肩圆、颔首挺胸的圆润饱满风格，力求形神兼备。雕刻者既注重整体的刻画，也注意细节的处理。菩萨面部和上身刻画得细致温润，衣褶则流畅、柔软，略显厚重。在亭亭玉立的神像下，又配以厚重的莲花座，衬托出菩萨庄严肃穆和高洁温和的风神。

［唐］老君像

汉白玉雕刻，高 193 厘米。原在西安市临潼区骊山华清宫朝元阁老君殿内，1963 年移藏西安碑林。国宝级文物。

老君身着开襟道袍，腰束帛带，丰须长髯，正襟危坐于石台之上，宁静睿智中显出肃穆清虚的内蕴。老君像身下为雕饰华丽的须弥座。老君即老子，姓李名耳，是春秋末年伟大的哲学家、思想家。李唐统治者自诩为老子的后裔。此像是中国古代道教造像的顶级精品。

[唐] 断臂菩萨立像

此菩萨立像用汉白玉雕成，是盛唐时期的艺术精品。残高 110 厘米。1959 年出土于西安火车站附近。从其上乘的石质、精细的雕工来看，疑为唐代皇家供奉之物。

此菩萨立像出土时，头部、双臂及双脚均残缺，上身袒露，左肩斜披一缕轻纱，下腰束露脐、透体的长裙，小腹微挺，裸露的肌肤显得丰满润泽，富有弹性。腰肢扭动，微呈“S”形，风姿绰约，散发着中和、典雅的东方风韵。

金刚童子像

[唐] 安国寺密宗造像

密宗是佛教八大宗派之一。唐玄宗时，善无畏、金刚智、不空三藏三位印度密宗大师来到中国，密宗遂在大唐兴盛一时。

1958 年，西安城东北角一带修下水道时，十余尊精美的石刻造像被发现，旋移交陕西省博物馆。这些造像都出土于直径 1 米、距地面深约 10 米的圆形窖穴中，出土时相互叠压，多有残损。石像均用汉白玉雕成，其中密宗造像共计 11 尊，即宝生佛像、文殊菩萨像、马头明王像、不动明王像、降三世明王像、明王像、金刚造像、菩萨头像、残造像等。推测可能是唐开元、天宝年间安国寺遗物，唐会昌五年（845 年）毁佛时被埋藏在这里。

考古学家根据造像的组合推测，它们应是当时寺院中按曼荼罗设坛供奉之像。这批造像，一方面继承了中国传统雕塑以绘色辅以雕刻的手法，特别是将绚烂的色彩与白石的本色处理得十分和谐；另一方面代表了盛唐时期上层贵族的审美情趣和佛教艺术的卓越成就，是唐代造像中的精品，也是研究唐代密宗的重要文物。

正面

背面

文殊菩萨像

文殊菩萨是众菩萨之首，是智慧的化身，与普贤菩萨同为释迦牟尼佛的左右胁侍，经常协同释迦牟尼佛宣讲大乘佛法玄理。安国寺出土的这尊唐代文殊菩萨像高 75 厘米，束发高髻，端坐于莲台之上，双目微合，眉目细长，面相温和，神情高贵。左手持莲花，莲上承有经箧。右手手臂弯举至胸前，已残，按密宗仪轨应持有宝剑。手持经箧和宝剑是文殊菩萨的标志。宝冠、璎珞、帔巾、腰衣、莲瓣等配饰都是精雕细琢，甚至屈伸的手势都刻画得很准确，更加显示出造像的精美华丽。

马头明王像

马头明王是六道中畜生道的护法明王，是古代驿马的本尊神。百姓历来崇信马头明王，并对其虔诚供养，以求出入平安。此马头明王像高 88 厘米，三头八臂，怒目圆瞪。有舟形背光。三面愤怒相中，主面獠牙上翘，意在震慑妖孽，保护众生。明王头上方的马头已残断。明王身后六手分别持斧、念珠、棒、净瓶、莲蕾等法器。台座束腰，上半部是仰莲形，下半部是岩石形。此种莲座与岩座结合的形式甚为罕见，大概是寓意马头明王乃观世音菩萨化现之故。明王佩饰的璎珞从双肩下垂至腹中部，系以圆璧形物，垂于仰莲座之上，雕刻得十分精细。明王下身着裙，轻薄的衣带自头部两侧盘绕，并经腋下垂至莲座两侧，富有强烈的动感。

降三世明王像

降三世明王为密宗五大明王之第二。“降”指降伏、消除，“三世”指的是贪、嗔、痴三种念头。也有人认为，降三世明王能降伏自称“三界之主”的大自在天，所以称“降三世”。降三世明王的宏愿就是秉持诸佛之心，用金刚伏魔之手消除世间众生的贪、嗔、痴之念。此明王像高 88 厘米，三面八臂，呈愤怒相。上半身略微倾斜。身后六只手中分别持法器金刚杵、宝剑、剑簇、三叉戟、索等。双脚结半跏趺坐，于岩石上做说法状。此明王像的表情、肌理、佩饰及各种法器都雕刻得细腻精巧，栩栩如生。

［唐］石灯

此石灯高 180 厘米，现存 8 层，1959 年从陕西省乾县西湖村石牛寺移至西安碑林。唐代京畿的石灯一般由台座、蟠龙石柱、灯室和灯顶四部分组成。此灯台座上雕有山岳、佛龛。四龙顺着台座盘绕而上，顶托带有龙头的八棱石盘及仰莲灯座。灯座上设方形灯室。灯室上覆四阿式灯盖。盖顶叠刹座。刹座四周雕有 8 个山花蕉叶。刹座中心有圆孔，原应插有塔刹，塔刹已失。整体结构紧凑，布局巧妙，又采用圆雕、浮雕、线刻三种手法雕刻而成，为国内现存最为精美的唐代石灯。

唐代佛寺一般都在殿堂正前方设置石灯，慧炬长明，以象征佛之无穷智慧和法力。

后　记

“碑林老臣”是我命中注定的人生归宿

人生如梦。

转眼间，进入西安碑林工作已经快 30 年了，我从一名青年学子渐渐变成了老眼昏花的碑林老人。在这近 30 年中，一通通神秘的碑石不断地吸引着我：这是什么时候的碑？它的主人是谁？原来碑主还有这样的传奇经历；碑石的书丹者在当时竟然这样声震四方；这方小小的墓志竟然隐藏着如此曲折复杂的历史密码。

出于对碑林真诚的爱，2017—2018 年我与路远、王其祎、杨兵等专家不顾个人得失，直言犯谏，强烈呼吁在碑林的北扩中将唐代《开成石经》进行原址保护，而非贸然北迁。这一倡议得到了社会各界的广泛支持，各大门户网站、报纸先后发表各界有识之士反对搬迁《开成石经》的文章多达数十篇。经过整整一年的努力，有关方面终于收回成命，避免了《开成石经》可能发生的损伤，为千年帝都西安保留了这一最为重要的空间坐标和文化根脉。很多朋友夸奖我，其实我知道：

这是一位碑林学人应该有的学术眼光与道义坚守。

过了知天命之年，我给自己刻了一方白文印——“碑林老陈”。我想，“碑林老臣”也许是我命中注定的人生归宿，当然也是我一生的幸运。

自从进入碑林，我总是尽力宣传碑林文化。

2017 年秋，我在“一席”演讲《穿越碑林》，两三天内视频播放量就突破了 10 万。

“文革”后期，陈根远（前排左一）第一次踏进西安碑林

“碑林老陈”印章，陈根远刻

2017 年 10 月，陈根远在“一席”演讲《穿越碑林》

2019 年 1 月 16 日，“颜真卿——超越王羲之的名笔”大展在日本东京国立博物馆盛大启航，国人为之雀跃。北宋崇宁二年（1103年），西安碑林建立，与《石台孝经》《开成石经》一同迁来的还有颜真卿的《多宝塔碑》《颜氏家庙碑》《争座位帖》等。后来又有其他四方颜真卿碑石先后迁入碑林。碑林由此成为中国收藏颜真卿碑石最多的地方，无与伦比。我相信：

颜书七碑，荟萃碑林，它们就是中国书法史上的北斗七星。

2019 年 2 月，陈根远组织的“丰碑——颜真卿名碑拓本特展”一角

陈根远在“丰碑——颜真卿名碑拓本特展”上为观众导览

为了让国人不用远渡重洋，在中国就可以看到颜真卿书法的风采，尽到一个碑林人的责任，我倡议，并与陕西省收藏家协会古籍碑帖专业委员会的朋友们一起组织了“丰碑——颜真卿名碑拓本特展”（2019 年 2 月 9 日—3 月 31 日），汇集展出了颜真卿碑帖 26 件。展品中既有近年新发现的两方颜真卿早期所书墓志拓本，也有我奉献的日本东京颜真卿名笔大展中所没有的《宋璟碑》《殷夫人碑》两种三件。其间，全国各地都有热爱书法的朋友专程前来参观，叁和美术馆每天早上开门之前往往就已经有人在门口等待了。

回想与碑林有关的点点滴滴，我心中充满了感恩。推动《开成石经》原址保护、组织“丰碑——颜真卿名碑拓本特展”、在“一席”演讲《穿越碑林》算是我为碑林做的值得一提的三件事。

多年来，我为宣传碑林不遗余力，无数次带领各地专家、游客游览碑林。每次听完我的讲解，意犹未尽的朋友们常常会问：“您有没有出版过专门介绍碑林的书？我们很想看看。”我只能遗憾地告诉他们，我还没有机缘独立编写一部全面系统介绍碑林文物的书。

也许是看到了我对碑林的热爱，相识 20 多年的老友郭学工力邀我编写一部碑林文物精华图集。感谢他的信任与邀请，弥补了我的一大缺憾，让我与碑林的金石缘得以日臻圆满。另外还要感谢“一席”慨允本书使用《穿越碑林》视频，感谢好友李斌为我录制了讲解碑林名碑的 10 个音频。

感谢多年来信任、帮助我的所有朋友。

己亥中秋前一日于西安碑林

附　录　本书多媒体资源一览表

《穿越碑林》视频	《峄山碑》讲读音频
《熹平石经》讲读音频	《广武将军碑》讲读音频
《晖福寺碑》讲读音频	《孔子庙堂碑》讲读音频
《集王羲之书圣教序碑》讲读音频	《石台孝经》讲读音频
《大秦景教流行中国碑》讲读音频	《玄秘塔碑》讲读音频
《开成石经》讲读音频	